# 高校教育教学理论与方法创新

牛翘楚 唐 飞 白洪波 ◎ 著

吉林出版集团股份有限公司

图书在版编目（CIP）数据

高校教育教学理论与方法创新 / 牛翘楚，唐飞，白洪波著. — 长春：吉林出版集团股份有限公司，2023.10

ISBN 978-7-5731-4417-1

Ⅰ．①高… Ⅱ．①牛… ②唐… ③白… Ⅲ．①高等教育－教学研究－中国 Ⅳ．①G649.21

中国国家版本馆 CIP 数据核字（2023）第 207726 号

## 高校教育教学理论与方法创新
GAOXIAO JIAOYU JIAOXUE LILUN YU FANGFA CHUANGXIN

| 著　　者 | 牛翘楚　唐　飞　白洪波 |
|---|---|
| 责任编辑 | 齐　琳 |
| 封面设计 | 林　吉 |
| 开　　本 | 787mm×1092mm　1/16 |
| 字　　数 | 210 千 |
| 印　　张 | 14 |
| 版　　次 | 2023 年 10 月第 1 版 |
| 印　　次 | 2024 年 1 月第 1 次印刷 |
| 出版发行 | 吉林出版集团股份有限公司 |
| 电　　话 | 总编办：010-63109269 |
|  | 发行部：010-63109269 |
| 印　　刷 | 廊坊市广阳区九洲印刷厂 |

ISBN 978-7-5731-4417-1　　　　　　　　　定价：78.00 元

版权所有　侵权必究

# 前　言

高校是国家人才进入社会的最后一环，高校教育教学改革的质量，可直接影响社会人才培养的质量。而面对新时代的新局面，高校必须实现现代化发展、全面性发展，线上线下高效配合不再是片面配合，而应达成空前的契合状态。"课程思政"模式的成功落实，也引发高校改革全新的思考，使高校开创"全德育教育"的新局面，真正建构全域德育的教育格局。现代化转型的不可逆性，也令全面性教育彻底摆脱形式主义的桎梏，有效构建了新型人才培养的格局。

高校教育是我国教育体系中的重要一环，其串联着学校和社会的人才输送，是为社会提供高级专门人才和职业人才的重要教育场所。可以说高校教育的教学水平和教育能力，在一定程度上影响着社会发展，更能够对各行各业造成不容小觑的直接影响。因此，高校教育的改革和发展，始终是教育部极为重视的问题。高校教育教学的改革，不但要正视高校自身当前存在的局限性，更要放眼整个时代，以及未来一个阶段的国家、社会、教育界发展宏图。简言之，高校教育不仅要具有前瞻性，更要具有全域思考的理性。当前，我国正处在综合国力发展的关键阶段，互联网、物联网等技术的飞速发展，更是对人才提出了更高的要求。同时，大量的线上教学也对高校的教育模式提出了前所未有的革新要求。这些客观存在且亟须解决的问题，将决定高校教育教学改革的整体方向。但从另一个角度看，虽然客观环境对高校教育改革提出了较高的要求，但这也不失为一种新的机遇。高校教育改革平稳发展多年，而科技的发展对高校提出的新要求，或许正是促进高校实现迭代性升级的关键推手。因此，研究高校教育教学所面临的新机遇，并有针对性地提出相应的改良策略，是当前高校发展的重中之重。

新时代，新格局。新时代的客观环境对高校教育教学改革提出的严峻课题，就是时代的"不可逆性"。以往的教育教学改革，由于缺少必然的、强效的推动因素，导致改革始终处在形式主义的状态中，难以收获预期的改革成效。但当前的新时代浪潮与众不同，从教育环境，到教育院校，再到接受教育的个人，都必须做出改变，这便是高校教育改革的新机遇，更是前所未有的机遇。对此，建议高校妥善利用学生求知的内生动力，借助时代浪潮实现对高校教育体系的深度改革，让学习进入学生主动学习的模式中，并提升高校资源提供的质量和效率，让教师和学校成为学生主动学习的帮扶者，而非带领者。如此才能抓住时代新机遇，实现对高校教育教学格局的迭代性改革。

牛翘楚　唐　飞　白洪波

# 目 录

## 第一章　高校教育教学概述 ·················································· 1
### 第一节　教育教学方法的问题及创新 ··································· 1
### 第二节　高校教育教学质量提升路径 ··································· 4
### 第三节　高校教育教学改革的动力机制 ································ 9
### 第四节　高校教育教学督导的实践与发展 ···························· 13
### 第五节　现代信息技术与高校教育教学深度融合 ··················· 16

## 第二章　高校教育教学的基本原则 ········································ 20
### 第一节　高校教学原则新探 ············································· 20
### 第二节　现代高校教学制度的价值理念与创新原则 ················ 30
### 第三节　高校教学管理如何贯彻以人为本原则 ······················ 38
### 第四节　基于教师专业化的高校教学质量监控原则 ················ 42
### 第五节　高校创业教育课堂教学体系的构建原则 ··················· 46
### 第六节　高校音乐教学多媒体技术的使用原则 ······················ 50

## 第三章　高校教育教学创新研究 ············································ 55
### 第一节　以人为本推进高校教育教学管理创新 ······················ 55
### 第二节　教育机智在高校艺术设计教学中的应用与创新 ·········· 58
### 第三节　高校法制教育教学模式创新 ·································· 63
### 第四节　Web 2.0 时代高校教育教学的创新 ·························· 67
### 第五节　基于高校教学改革的教育教学协同创新 ··················· 73
### 第六节　高校教育教学管理的观念变革和实践创新 ················ 83

## 第四章　新媒体环境下高校教育教学概述 ········· 87
### 第一节　新媒体与高校新型教学互动 ············ 87
### 第二节　新媒体语境下高校媒介素养教育 ········ 91
### 第三节　新媒体环境下高校心理健康教育 ········ 94
### 第四节　新媒体环境下高校课堂教学 ············ 99
### 第五节　新媒体环境下高校教育工作 ············ 103

## 第五章　新媒体环境下高校教育教学改革研究 ····· 108
### 第一节　新媒体与高校课堂讨论式教学 ·········· 108
### 第二节　新媒体环境下的高校教学资源变革 ······ 114
### 第三节　新媒体时代高校校园媒体融合工作 ······ 118
### 第四节　翻转课堂与高校教育教学改革 ·········· 123
### 第五节　新媒体环境下高校思想文化建设 ········ 129
### 第六节　新媒体时代跨文化教学创新 ············ 133

## 第六章　新媒体环境下高校教育教学创新研究 ····· 138
### 第一节　新媒体实务教学新路径 ················ 138
### 第二节　新媒体语境下字体设计的教学 ·········· 143
### 第三节　设计与新媒体实践教学 ················ 147
### 第四节　新课程理念下的新媒体教学 ············ 154
### 第五节　新媒体语境下构成设计教学 ············ 157

## 第七章　高校实践教学体系概述 ··················· 162
### 第一节　高校实践教学体系研究现状 ············ 162
### 第二节　高校实践教学体系构建 ················ 173
### 第三节　OBE 理念下高校实践教学体系 ·········· 177
### 第四节　转型背景下高校实践教学体系 ·········· 182
### 第五节　新农科背景下高校实践教学体系 ········ 187

## 第八章 高校实践教学体系的发展 190

### 第一节 高校实践教学质量监控体系 190
### 第二节 高校智慧教学实践服务体系 196
### 第三节 高校理论和实践教学生态体系 203
### 第四节 高校教学管理体系的创新与实践 209

## 参考文献 215

# 第一章 高校教育教学概述

## 第一节 教育教学方法的问题及创新

知识作为无形的生产力为社会创造了极大的财富，也促进着人类社会的进一步发展。而"人"作为社会的主体，其个人的发展状况受社会发展情况制约的同时也在反作用于社会的发展。所以，要想保证社会处于不断进步的状态，就需要通过教育培养出具有高素质、高能力的创新型人才，为社会创造出更大价值。而要想达成这一目标，高校在进行教育教学的过程中就必须做出调整。本节针对我国高校教育教学的现状对创新型教学理念做简单的研究，对如何改善教学方法进行简单论述。

进入21世纪后，我国的经济、政治、文化、科技都处于飞速发展状态，在这种发展形势下，社会和国家对高校教育教学提出了更高的要求，为了确保高校所培育的人才满足社会的需求，高校在教育教学的过程中也做出了相应的改革，为了确保高校学生具有较好的专业知识、较强的身体素质和心理素质，高校在教育教学的过程中不仅完善了理论教学方式，还通过各种教学活动对实践教学内容做出了改善。在着重培养学生的动手能力的同时，也进一步引导学生如何在未来的生活、工作中将所学知识转化成具体操作，使学生在实现个人价值的同时，也能为社会创造更多的经济效益。所以如何培养具有高素质和创新思维的人才，是高校现在面临的主要问题，要想确保高校教育教学的质量，还需要从学校自身的发展状况入手，实事求是，找出创新教学的方式。

## 一、高校教育教学中存在的问题

教学内容过于保守。现在我国各高校使用的教学内容许多是学校成立之初确立的，在多年的教育教学过程中，虽然也做出了相应的修改，教学内容的分布也较为合理，但是在实际的教育教学中，还是有较多的不足。比如说，不同专业中教材内容的组合不符合时代的要求，教材知识传授的先后顺序也缺乏一定的考量，使学生在学习的过程中出现知识脱节的现象。在现在的高校中，教育教学的方式大多是以书本为主，多媒体设备为辅，以教师教为主，学生主动学习为辅。"填鸭式"教学依旧是影响高校教学效率提升的主要因素。

人才培养与社会需求相脱节。"就业率"是衡量一所大学教学是否成功的标准。每年高校毕业季之后，我国教育管理部门都会对高校学生的就业率进行调查，虽然近年来各高校的就业率得到了很大的提升，但是这并不代表每一位高校毕业生都找到了一份适合自己的工作，也并不代表每一个企业都获得了适合本企业发展的优秀人才，有很多学生在毕业以后所从事的工作与自己在大学中所学知识不符。这一现象是社会发展现状造成的，也是高校教育教学方式造成的，更是学生个人的发展状况造成的。对于一些学习能力较差的学生来说，学习自己并不感兴趣的知识是一件难事。而在高校学生中，有很多学生所选的专业并不是自己期望的，也并不是自己擅长的，在进行专业进修的过程中，难免会出现懈怠心理，学校在教授这部分学生专业知识的时候也很费力，加之每个教师的教学方式不同，教学能力有限，使得这部分专业的学生在学习的过程中根本没有能力去熟悉掌握专业知识，导致个人专业素质得不到提升，无法满足社会对此类专业人才的需求。

学校教学管理方式陈旧。在高校教育教学的过程中，学校一直要求教师规范教学，统一教学，在确保教学活动具有有效性的同时，也要保证教学内容符合教育的需求。但是在实际教学的过程中，这两项内容似乎不能进行完美的结合。保证教学的规范性和统一性就是要求教师按照传统的教学方式传授学生所需知识，教学活动只能固定在课堂中，固定在多媒体设备中。教师一旦按照这种教学管理目标进行教学活动，教育教学的效率就很难得到提高，因为在此过程中，教师和学生的思维都受到了限制，并不是每个教师都具有优秀的教学经验，能使每堂课的知识传授都达到期望的标准。在这种教学管理模式中，不论教师还是学生，都很难发挥主观能动性和创造性。

## 二、教育教学的创新研究

改善教学指导思想。高校教育教学的指导思想一直是以传授学生专业知识为主，使学生在以后的工作过程中能够具有相关的专业技能。但是在这一教学指导思想落实的过程中，往往存在着很大的偏差，教学成果远远没有期望的好。所以要想保证高校教育教学发挥出最大的优势，就必须完善教学指导思想，要改变传统教学理念的束缚，要求教师在教学的过程中，不仅要以传授知识为主要目标，还要以启发学生自主理解知识为重要目标，激励学生在学习的过程中构建自己的知识框架，教师在教学的过程中能合理布置知识研究内容，保证每个学生都能够主动了解所学知识，加深对所学知识的印象，通过教师的引导来掌握知识。

改革教学内容。教学大纲作为教师进行教学活动的指导性文件，其规定的内容不仅是教师教授的内容，也是学生所要学习的内容。所以高校要想对现有的教育教学情况做出改善，首先就应该根据实际教学情况，对学生学习的主要内容做出调整。要合理改善教学大纲中的内容，根据时代发展的状况以及学生的学习情况做出教学内容的修改，对于教学大纲中比较落后的教学内容以及不符合时代发展理念的教学内容予以剔除。另外，在制定教学大纲的过程中要本着发展的眼光去对待高校教育教学的变化，最好是以阶段性管理为方法，不断更新教学大纲中的内容，保证其能够在特定的时间内发挥出最有效的作用。而内容更新的时间可以根据学校的发展状况来定，也可以根据社会的发展状况来定，最好是以 10~12 年为一个期限，根据每代人的发展需求来调整。只有这样才能保证学生所学习的知识符合社会的需求，保证学生获得的知识具有实用性和前瞻性。

深化教学体制改革，完善教学方法。高校要想适应社会的发展需求，使培养出的人才能够为国家为社会创造出更大的经济价值和劳动价值，就必须做出相应的改革，其中较为重要的就是教学体制改革。在如今的高校办学过程中，学校在进行管理的同时要更加注重"以人为本"，保证教师和学生在工作和学习中都能获得保障。在维护学校与教师之间和学校与学生之间的关系的时候，要充分地发挥出管理制度的公平性和人文性，处理好个体与集体的关系，保证学校能够为学生提供和谐舒适的学习环境，能够为教师提供公平合理的竞争平台，通过结合相应的管理制度使教师在教学的过程中，更加注重自己的教学成果，在教学方式上做出不断的调整，保证教学方法具有高效性。

学校不仅是学生获取知识的地方，更是学生提高个人素质，完善个人能力的桥梁。学校要想使教育教学活动更能发挥出其所具有的优势，就要在教育教学的过程中，让学生进一步明确知识的重要性。要以积极的方式去引导学生，让学生明确，知识是提升一个人生命价值的手段，在知识经济时代的今天，学生要想通过良好的方式获得生活所需，就要继续学习，利用知识武装自己，明确自己奋斗的目标。

## 第二节　高校教育教学质量提升路径

高校的发展与教育教学质量息息相关，在现代社会快速发展转型的关键时期，教育教学质量已成为高校生存和发展生命线。党的十九大报告中关于如何发展推进教育事业作了重要表述，提出建设教育强国的根本要务，为现代教育事业的发展指明了方向。高等院校应紧抓质量发展这一生命线与风向标，探究影响教育教学质量的各项因素，有针对性地探索高校发展之道。

加快一流大学和一流学科建设，实现高等教育内涵式发展，是党和国家对我国高等教育提出的明确要求。我们要以习近平新时代中国特色社会主义思想为指导，深入贯彻落实党的二十大精神和习近平总书记在全国教育大会上的重要讲话精神，发展高等教育事业，构建高校教育教学质量保障体系，提升教育教学质量是当前我国高校发展的主题与共同愿景，也是高校教育教学的核心要务。

## 一、影响高校教育教学质量的因素

研究现状。在高校教育教学质量影响因素研究中，既要从我国发展实际出发，又要借鉴优秀的研究成果，以优秀的研究成果作为高校教育教学体系构建的基点与抓手。同时，为高校教育教学质量保证体系的执行落实提供借鉴参考，提升高校教育教学质量保证体系的实效性与科学性。

（1）国外学者对高校教育教学质量影响因素的研究。美国斯坦福大学教授李·舒尔曼指出，影响高校教育教学的因素是多样化的，并提出教育教学过程中，教师、学生、课程是主要影响因素，教师层面主要指教师的思想观念、研究能力对教学内容、学术活动、教学活动的影响。学生层面则是外界环境对学生判断力、思维养成、习惯感知、思想观念等的影响。[①]在课堂层面，李·舒尔曼提出课堂是教师与学生产生联系的桥梁与纽带，教学活动直接影响着学生的能力。

（2）国内学者对高校教育教学质量影响因素的研究。北京大学王义遒教授提出，不良社会风气、学生规模快速增长、师资力量不足、教学硬件设施欠缺、学制缩减、教学目标定位不当、管理不到位等是影响高校教育教学质量的主要因素。同时强调社会风气，即教风、学风是最大的影响因素。[②]广西师范大学周琨武、黄敏认为教育教学质量是多项指标的综合反映，其影响因素主要有教师因素，即教师学识与师德；学生因素，即生源状况、思维与创新能力、学习态度等；教育技术因素，即多媒体等现代化教育设备不齐全，教师操作方法不熟练；课程结构因素，即课程结构不合理；教学管理因素，即高校内部各项管理状况；教学设施因素，即教学设备、图书资料、实验仪

---

① 周文叶.教师评价：评什么和怎么评——访斯坦福大学李·舒尔曼教授[J].中国高等教育评估，2021（1）：46-52.
② 王义遒.文化素质与科学精神 谈学论教续集[M].北京：北京大学出版社，2003.

器的储备不足；实践教学因素，即实践教学落实不到位。①

综上，国内外学者主要从教师、学生、教育过程等方面入手，对高校教育教学质量影响因素进行了探索，为本节的研究提供了有价值的理论依据，且多数学者侧重于教与学两方面。但影响高校教育教学质量的原因很多，各个环节、各项因素都有可能影响教育教学质量。因此，笔者从教师、学生、课程、教学资源等方面出发，探讨影响高校教育教学质量的因素，以期强化本研究的客观性与全面性。

影响因素：

（1）教师因素。教师是教育教学活动的组织者、实施者，教师的水平直接关系着教育教学的质量。在大众化教育发展趋势下，高校扩招趋势明显，师资配备情况不及学生规模扩大之速，导致师资力量薄弱，师资数量欠缺，教学活动负重前行。教师学术背景、教育能力、专业技能等是开展教育教学活动的基础，但一些教师忽视了对自身知识与技能的更新与补充，很难适应快速发展的高校教育教学要求。另外，有些高校将教师科研成果作为评价指标，导致教师只专注于科研工作，而忽视了教育教学工作的开展，敷衍应对教育教学各项工作。但高校教育教学质量的提升需要教师的全程参与，然而有些教师忙于学术研究及参与社会活动，极少愿意带课，导致高校缺乏高水平的师资队伍。

（2）学生因素。学生是教育教学的主体，更是教育教学质量的决定性因素，学生自主学习意识与能力直接影响着教育教学的整体质量。尤其是在高校扩招背景下，录取门槛的降低在一定程度上影响了生源质量，越来越多的学生进入大学校园，学生的知识储备、学习能力各异，这无形中加大了教学的难度。应试教育影响下，进入高校的学生仍然固守被动接受知识的习惯，创新思维有待开发。另外，有些学生认为进入大学后课业压力不大，只要保证不挂科能够拿到毕业证即可。因此，学生日常学习态度不端正，学习目标浅显化，迟到、早退现象极多，严重影响了高校教育教学质量的提升；还有

---

① 周琨武，黄敏.试析研究生培养过程中师生关系的异化与重建[J].教书育人，2007（36）：39-30.

些学生觉得当下所面临的就业压力极大，在校期间将精力集中于考取各种证书上，无法顾及正常的课程学习，导致高校教育教学质量下降。

（3）课程因素。教育教学活动的开展需要通过课程教学来实现，课程体系、课程结构直接影响着教育教学质量的提升。当前高校教育教学工作中普遍存在课程体系构建不完善，教学内容偏向记忆性的理论论述，缺乏创新性教学内容，教材内容更新速度与社会发展需求相脱节，难以有效培养学生的创新思维和创新能力等问题。且专业课程建设侧重学科特征而忽略了学科的交叉性，不利于复合型人才的培养。

（4）教学资源因素。教育教学资源包括教育经费、教学设备、实验仪器、图书资源、教学条件等软硬件设施。近年来，国家不断加大高校软硬件设施的投入力度，新媒体教室、语音教室、实验楼等不断改扩建，多媒体设备、实验设施、图书资源不断扩充，但学生规模也在快速扩充，导致学校在软硬件教学资源的投入上仍显滞后。

（5）其他因素。高校教育教学活动是一项系统、复杂的工程，包括诸多内容与环节，各项内容与环节都与教育教学质量紧密相关。影响教育教学质量的因素还包括校风、学风建设、实习实践机会、学术研究环境、教学管理理念与管理制度、学校日常管理状况、社会的支持与帮助等。

## 二、提高高校教育教学质量的措施

强化师资队伍建设。教之本在于师，不论何时，教师都是教育教学活动的根本，是教育教学质量得以保障的决定性力量。在高校扩招背景下，学生数量激增，师资力量不足，教师年龄分配出现断层的问题。高校应在教师竞争上岗、学生选课选教师的竞争机制下，创新引入机制。比如，可以让教师挂牌上课，对于选课人数多的教师给予表扬及实质性的奖励，激发教师教学的积极性；可以提高教师待遇，强化教师教学动力，促使教师全身心地投入到教育教学活动中；还可以聘请有丰富教学经验及优秀学术研究能力的离退休教师重返教学岗位，这样就可以留住优质的师资力量，离退休教师也可以对年轻教师的教学工作给予相应的指导，发挥传、帮、带作用。同时，高校应加大青年教师的培训力度，提升其专业技能及教学能力，以弥补师资力量不足的问题。

优化专业结构设置应从以下方面着手。

第一，以市场需求为导向，调整专业设置。社会需求是高校人才培养的导向，也是高校教育教学的指南。现代社会信息化、科学化发展迅猛，需要的是应用型、创新型、复合型的人才。因此，高校在专业结构设置上，应密切把握市场发展动态，强化高校内涵建设，调整学科专业结构，以精品专业打造高校品牌优势，促进教育教学质量的不断提升。

第二，基于专业培养目标，完善教学体系。实现培养目标是完善教学体系的目的，高校教育教学讲究知行合一，学以致用。对此，高校在教育教学体系设计上应统筹理论课教学与实践教学的关系及落实力度，针对不同专业的培养目标及发展需要，合理调整理论教学与实践教学的比例，在教学中根据专业特点与培养需求，适时增减教学内容，使其契合现代高校人才培养需求与未来就业创业需求。

第三，创新教材内容，促进专业发展。高校可根据学科建设需求更新教材内容，采用新编教材，尤其是财经、理工、农医等发展较快的专业需要使用近三年编制的教材，以确保高校教育教学内容始终处于时代发展的前沿。

强化学风教风建设。学风，即教育教学环境。良好的教育教学环境能让学生沉浸在积极的学习氛围中，在潜移默化中激发学生学习的积极性。高校在学风建设上，可从规范考风考纪入手。教育家陶行知将考试作弊的危害归纳为："欺亲师、违校章、辱国体、害子孙"。[1]对于考试作弊问题，高校管理者应加强监管，通过张贴悬挂警示语向学生说明作弊之害，严格把控考试过程，利用电子屏蔽仪屏蔽电子设备信号，对学生加强防范，加大教育与引导力度，严惩作弊行为，在全校范围内营造良好的学习氛围。教风是教育教学精神、态度与方法的集合，是教育教学之风气，良好的教风可以带动学风。教师是学生的榜样，学高为师，身正为范。因此，高校管理者应加强师德师风建设，着力培养教师的教育思想、职业素养。教师应从自身做起，加强自

---

[1] 余子侠.中国近代思想家文库·陶行知卷[M].北京：中国人民大学出版社，2015.

身知识储备，树立高度的教育责任心与敬业心，对学生有爱心和耐心，认真对待每一堂课、每一个学生，创新教育教学方法，丰富教育教学内容，活跃课堂氛围，努力营造良好的教学风气。优良的教风和学风可以促进教师与学生共同发展，可以为高校教育教学质量的提升营造积极的外部环境。

## 第三节　高校教育教学改革的动力机制

改革开放以来，我国对教育的重视程度越来越高，尤其是高校教育教学改革更是成为教育行业的主要研究方向。但是，由于教育体系本身具有的复杂性，教育本身或多或少存在些问题。因此，着重对整体改革过程中的动力机制进行探讨，将有助于教育行业的健康发展。本节旨在针对高校教育教学改革过程中的动力机制问题，结合外部因素和内部因素共同作用，通过两者之间相辅相成的关系，促进动力机制在高校教育改革过程中发挥巨大的作用。

由于"科教兴国""知识就是力量"等教育理念逐步深入人心，高等学校的教育教学改革成为社会共同关注的一个热点问题。根据相关文献综述和资料查询，各学者将高校教育改革的主要动力机制分为两个方面，其一是外部动力机制，也是促进改革进步的显著诱因。其二是内部动力机制，也是实实在在的改革基础和关键。只有将这两种动力机制有效地结合在一起，才能有力地促进高校教育教学的改革，为我国社会主义建设培养优秀的人才。

### 一、高校教育教学改革动力机制的含义解析

所谓机制，字面意思既可以理解为有机体的构造、功能及其相互关系，又可以理解为机器的构造和工作原理。但是，在本节中的意思，其实是一种社会学范畴下对领域具体解析的概念，根据相关知识，可以分为推动机制、发展机制、联系机制等。其本质则是用于描述动力和事物发展过程之间运动、发展的内在联系。而推动机制、发展机制、联系机制这三种机制之间的相互联系，能够有效促进社会有效力量的形成，从而促进事物在历史长河中的发

展和变化，而且，是向积极的方面发展，有助于引导低级别的事物，促使其向着高级别的方向发展。因此这一机制在高校教育改革的应用过程中，具有显著的重要意义。高校教育教学改革的动力机制就是这样一种宏观变化大机制，在借助外部动力机制的引导作用下，结合内部动力机制这一基础，两者相互借鉴，从而在整体上推动高校教育教学改革的发展。

## 二、促进高校教育教学改革发展的动力因素

### （一）外部动力因素

高等学校与中学和小学的不同就在于其具有相当大的独立性和自由性，无论是上课的形式还是学生自主学习的能力、老师的授课方式等，都具有相当的可变性。但是也有人将高等学校，也就是大学称为"象牙塔"，认为这是一种与社会脱离的环境，可是实际上高校就是一个具有系统性的结合体，不仅与内部的学生、老师等发生关系，更是与社会上的各种因素具有千丝万缕的联系。就目前来说，我国主要在高校教育教学改革方面借助政府的调控和师生的参与形成了多种具有促进性的动力因素。其中外部因素主要指的是社会环境中的因素，例如，政治、经济、文化、科技等在发展过程中对高校提出的新要求。不能够忽略的一方面则是各高校之间由于隶属关系不同而产生竞争，从而形成的外部动力。这些外部动力因素和高校教育教学改革息息相关，并且在政府和社会、教育家、教师、学生等多方的共同参与下，以行政条令作为标准，公众参与作为灵活操作手法，来实现一种自下而上和自上而下相互结合的改革平台。

科技因素。在现阶段的中国，乃至世界的发展过程中，科技水平象征着一个国家的地位，因此，科技对高校的教育教学改革也具有重要的促进作用和驱动作用。大部分高校在发展的过程中，由于经济和科技力量的不足，往往在改革的进程中会出现"改革惰性"。教育模式多是沿用传统的"填鸭式"教育，只注重对学生知识能力的培养，而忽略了其实践能力的促进。科学作为一种手动性和操作性极强的动力因素，已经被广泛认知为社会发展的"第

一生产力",从而成为促进整个社会迅速发展的催化剂。那么就必须认识到科学技术在高校教育教学改革中的重要性和挑战性,只有有选择性地摒弃传统教育模式下的改革弊端,借助科技的发展,来改善教育进程中先进要求和落后手段所激发的矛盾。

经济因素。经济是人类在社会生存中所必备的物质基础,也是对生活水平、精神层面有效提升的决定性因素之一。因此,它也会对高校教育教学改革产生一定的影响。一方面,经济为高校教育教学改革提供物质保障,使得其在改革进程中不受经济条件的制约;另一方面,高校对经济的利用,也将渗透到改革的各个环节中。例如,高校的管理制度改革,只有在充裕经济条件的支持下,各类基础设施才能完备,才能有效促进对高校自然环境教育环境、生活环境的改善。当然,经济更多的是对高校教育体制、专业结构的丰富性做出了巨大的贡献。

人文因素。主要是由参与高校教育教学改革的多方角色决定的。人们通常的思想水平、价值观念、心理态度等人文性较强的方面对高校教育教学改革具有重要的作用。传统教育模式只注重知识水平的提升,是片面的,只有将人文情怀和实践能力、操作能力等有效地结合在一起,使其在高校改革过程中,各个主体的思想、观念都焕然一新,从而有效推动高校教育教学改革。

竞争因素。多是来自同一领域不同层次的高校之间,彼此能够形成有利的竞争和合作意识,使得高校改革成为一把双刃剑,既能够促进其优秀方面更大地发展,也能够减少其弊端的暴露,并加以改进。辅助以政府、科技、经济、人文等因素来共同促进高校教育教学改革的顺利进行。

（二）内部动力因素

外部动力因素对于高校教育教学改革具有一定的推动性和引领性,但仅有这一方面的努力是不够的,只有结合学校内部的教育体制、文化生活等内部动力因素,才能使改革处于不断变化的状态之中,实时解决改革中出现的相关问题。

人才因素。高校教育最为主要的目的就是为国家的建设培养多方位、专业化的人才。因此，人才因素是促进高校教育教学改革的主要内部动力因素之一。由于生源的扩招和教育水平的提升，越来越多的学生能够进入大学学习，一方面促进了人才的培养，另一方面也预示着我国的高等教育进入了大众化的阶段。高校放低招生要求，学生的质量和能力有可能无法满足学校的要求，因此，大量的学生在毕业之后找不到工作，在无形之中增添了社会的压力。因此在面对这一消极事态的发展过程中，优秀人才的培养需要成为高校改革的主要出发点。

教育因素。所谓改革就是改掉不好的，提倡向好的方面发展。教育改革则是为了将高校教育教学过程中的不良现象进行清除，促使整个发展阶段是在满足社会需要的前提下，朝着优势的方向发展。只有清除现阶段高校教育中的弊端，对症下药，控制或者消除不合常理的方面，才能够使高校教育教学改革具有现实意义。

自主因素。自主因素是根据高校在办学过程中具有的办学自主权提出来的，即高校具有自主的决策权、执行权、发展和约束权。但是这些权利需要社会、政府等上级结构做出保障，将宏观调控和微观处理的手法结合起来，促进高校的改革适应社会的发展要求，从而使其得到强有力的保障。

（三）内外部动力因素的联系

内部动力因素和外部动力因素相互结合，彼此提供保障，共同作用于高校教育教学改革进程。这是因为自然界中存在的事物离不开外在力量的推动和内在力量的调控，对高校改革来说，改革的过程既需要社会中国家、政府以及经济、科技等宏观因素的调控，也需要结合高校自身的情况，充分发挥其内部师生自主性以及教育资源的公平性。

综上所述，高校教育教学改革需要紧跟时代的步伐，结合外部动力因素和内部动力因素，形成具有协调性的动力机制，无论内外，都能积极做好本职工作，发挥本体的能动性，才能促进高校教育教学改革的成功，为我国人才培养做出巨大的贡献。

# 第四节 高校教育教学督导的实践与发展

20世纪90年代，我国部分高校开始借鉴基础教育督导机制，建立教学督导机构，高校教学督导逐渐发展，检查、监督、评价、指导和激励等教学督导机制逐步引入高校教学管理，在促进教学改革、加强教学管理、树立教学典范、改进教学工作、提高教学质量等方面发挥着重要作用。例如，首都医科大学教学督导组成立于2002年，它是学校教学质量监控体系的重要组成部分。多年教学督导实践促进了学校教育教学及其管理工作的规范化、科学化、效益化以及青年教师的成长，为学校教育教学质量保障与人才水平提高奠定了坚实基础，我们可以从中汲取经验教训。

## 一、基于质量保障的教学督导实践

合理的聘任与薪酬机制助力教学督导稳定有序开展。督导队伍是高校教学督导工作有效开展的人力保障。为保证督导队伍稳定及其工作的持续性，学校成立教学督导办公室并挂靠教务处，专门负责督导队伍建设等工作。依据学校人事制度及督导工作条例，学校教务处按照督导聘任程序组织每年的教学督导聘任工作。一般根据校院两级教学督导工作的实际和需求，合理选聘一批教学及管理经验丰富且具有高级职称的老教师组建高素质的督导专家组。学校教学督导组由兼职退休教师组成并由教务处负责聘任，主管校领导颁发督导聘书。学院原则上以兼职退休教师为主，部分学院也吸纳一些在职教师从事教学督导兼职工作，学院督导聘任由学院负责报教务处备案即可。为保证教学督导专家拥有持续的工作热情，学校为督导专家配备专门的办公室和办公设备，划拨专门经费解决督导专家的薪酬问题，表达了学校对教学督导工作的重视、肯定与支持。学校还根据督导专家工作量及工作成效，实时调整薪酬。学院也根据其工作量大小适当配备一些补充经费来鼓励专家督导工作的积极性和实效性。总之，庄重的聘任仪式和合理的薪酬机制为教学督导稳定有序开展提供了保障。

有效的教学督导工作模式助力教学管理规范化与决策科学化。高校教学督导的主要职能是监督检查与指导。我校教学督导专家通过积极履行督教、督学、督管等工作职能，为学校教学管理的规范化与决策科学化以及青年教师的健康成长、保证教学效益等方面做出了积极贡献。

一体化的督教、督学与督管助力教学管理规范化随堂听课检查是实现督教、督学的主要方式。随堂听课检查不仅是检验教师教学质量的重要方法、也是检验学生学习效果的重要途径。通过随堂听课，督导专家能结合评教指标及时发现教师教学问题并有针对性地提出改进建议。通过随堂听课，督导专家能观察学生学习风气、学习兴趣、学习状态和学习效果，为学生部门有效管理学生提供依据。通过随堂听课，督导专家还可以从观察课堂教学组织、教师备课、作业批改、指导学生等情况来检查教学管理的基本情况，从而督促校、院两级教学管理机构及其管理人员及时根据督导反映的情况进行调控，从而促进教学管理规范化。根据教学工作规划与教学实际，学校教务处每学期会确定重点听课任务及听课对象。目前学校听课对象大概分为五类：一是学生评教、同行评教全校排名靠后或评教分数不合格的教师。二是学生教学信息员座谈会或教师教学意见反馈座谈会中反映的一些上课效果不好的教师。三是每年或每学期新引进的教师，需要通过随堂听课接受督导专家指导与认可，以确保新教师教学质量与水平符合学校要求。四是每年拟晋升职称的教师以及每年确定的新承担教学任务的研究生助教。五是根据一个聘期内所有教师被督导专家听课检查而确定的被听课教师。通过随堂听课，一方面督导专家会现场与被听课教师沟通听课情况；另一方面也会实时与教务处、学院（学系或教研室）反馈沟通，确保学校、学院和教师都能及时了解教学一线情况，帮助和指导教师改进教学，提高教师授课质量和水平。另外，督导专家还积极参与教学大纲审定、课程建设、教学例会、教学工作会、学院教学管理水平检查、专业认证等督教、督管工作以及参与试卷抽检、毕业论文抽检等督学工作来督察学生学习成效，确保教学管理规范化。

深入一线调研助力教学决策的科学化为校、院两级教学管理部门和领导提供决策建议也是教学督导行使职能和发挥作用的重要方式。除了随堂听课，督导专家还积极深入课堂教学一线调研，详细了解教学一线实际情况并认真听取一线教师教学需求与意见，积极总结、归纳并撰写调研报告，通过督导座谈会、工作总结会等途径积极建言献策。围绕学校教育教学改革、教学设施配备、实验室与相应技能中心建设、课程设置与专业建设、教育培训、青年教师培养、教师队伍建设等提出许多有价值的参考建议，助力学校教育教学决策科学化。另外，在各类教学工作评价标准修订过程中充分发挥督导专家的作用。总之，无论是调研报告撰写，还是评价标准的修订，都是教学督导专家参与学校教学决策的重要方式，有利于学校教学决策的科学化。

持续的教学指导助力青年教师健康成长是教学督导的主要工作之一，也是他们发挥优势、实现价值的有效途径。除日常随堂听课的教学指导之外，督导专家还指导青年教师积极参与各级各类青年教师教学基本功比赛，从教案书写、教学方法选择、教学手段运用等各个方面指导青年教师，促进其教学水平的提升。另外，教学督导专家还通过指导青年教师参与教学改革、积极开展教学研究、申报各级各类教育教学改革课题等助力青年教师成长。

较强的责任意识和无私的奉献精神助力教学督导持续有效推进。督导队伍较强的责任意识是教学督导工作持续有效稳步运行的动力源泉。学校大部分督导专家抱着为学校教育教学工作发挥余热、不计名利的责任意识和积极心态投入工作。他们无私奉献的精神感动并激励着青年教师乃至全校师生在教育教学工作方面的热情，保证了学校教学督导工作持续有效推进，并为学校教育教学质量保障与水平提升做出了贡献。

## 二、新时期高校教育教学督导工作的思考

新时期教育部和北京市政府教育督导机构与职能的变化，进一步显示出督导工作的重要性，也对新时期高校教育教学督导工作提出了更多要求和挑战。

加大督导支持力度，助力督导工作全面化与系统化。当前高校教学督导结构设置与职能发挥不利于高校教育督导的全面化与系统化，需要加大支持力度，促进教学督导向教育督导转化。调查发现，当前高校教育督导大致分为三类：一是个别高校设置近似权力机构的"监察部门"，对学校人事、教务、

科研、后勤等进行监督。二是对学校教学、学科建设的督导，侧重教师聘用、职称晋升的鉴定和评审。三是定位于教学督导，广泛存在于我国大部分高校。督导机构命名大致为教育督导组、教育督导室、教学督导组以及听课团，一般作为教务处科级机构，或与高教研究室合并。教学督导是高校教育督导的一部分。如果以教学督导代替教育督导，则缩小了教育督导的职权范围。因此，新时期高校教育督导要加强建设，助力高校督导全面化与系统化，为高校全面质量与质量全面提升奠定基础。

加大督导培训力度，助力高校督导工作专门化。督导专家的素质与水平决定高校教育督导职能效益的发挥。考虑到当前高校督导专家多为兼职，可以考虑吸纳部分专职人员参与督导。同时，加强督导培训也是进一步提高督导专家业务素质和水平的重要途径。总之，高校要加强督导人员遴选、督导方法体系完善、督导培训、督导信息化、督导职能转变等工作，逐步确立高校教育督导的地位并实现专门化。

# 第五节　现代信息技术与高校教育教学深度融合

以计算机、网络技术以及现代通信技术为代表的现代信息技术是当代科技发展的主要领域，因此技术变革教育也势在必行。将人工智能、大数据、云计算、"互联网+"等现代信息技术和教育教学进行深度融合发展，以发挥教育领域在实现"中国梦"过程中应有的作用。

在21世纪，信息就像"血液"一样流淌在社会各行各业中，尤其是现代信息技术的广泛渗透，对人们的生活、学习和工作产生了深刻变革，同样教育也不例外，从国家关于教育的发展规划到学校一线教师的探索应用实践，从现代信息技术辅助教育教学到现代教育技术辅助学生学习，再到现代教育技术与教育教学深度融合发展，现代信息技术必将促使教育教学产生较大的变革。

## 一、现代信息技术概述

以计算机和网络技术以及现代通信技术等为代表的现代信息技术，是当代科学技术发展的主导领域,现代信息技术正以其他技术从未有过的速度向前发展,并以其他任何一种技术从未有过的深度和广度介入社会的方方面面,教育领域也不能例外。2018年4月,教育部发布的《教育信息化2.0行动计划》中指出:持续推动信息技术与教育深度融合,信息技术和智能技术深度融入教育全过程,推动改进教学和优化管理。

北京师范大学的何克抗教授认为,新兴信息技术主要包括:可以改变人类教育方式和学习方式的大数据,推动优质教育资源共建共享的云计算,将人们的学习、生活和工作融为一体的人工智能以及基于网络"教与学"平台的"互联网+"。[1]何克抗期望未来可以在信息技术的这4个方面加大开发和应用力度,早日实现教育信息化领域的"中国梦"。

## 二、现代信息技术应用于教育的现状分析

现代信息技术在教育中的应用,目前还主要停留在辅助教师教学和辅助学生自主学习阶段,有的高校建立了智慧教室,但是使用率不高,学习效果也并不明显。

教师利用多媒体技术进行教学。多媒体技术在教学中的应用已经非常普遍,利用多媒体展示教学内容,用文字、声音、图片、动画、图形等展示教学内容,使教学内容更加丰富多彩、形象生动,可以大大提高教学效率,增加学生学习的兴趣,从教学方法、教学内容等方面改变了传统的教学模式,是现代信息技术在教育中的初级应用阶段。

学生利用网络课程进行自主学习。现在高校各种网络课程正在如火如荼地进行着,从开始就风起云涌的MOOC,到现在热火朝天的SPOC,高校在利用现代信息技术发展教育教学的同时,不断总结、完善和补充,以期得出最有效的教学手段和方式方法。在网课的发展过程中,教育工作者和一线教师投入大量的人力、物力和财力开发网络课程,可是这些资源的利用率较低,学生参与度低,因为缺乏约束,很多学生没有完成课程学习,没有达到预期的学习效果。为了改变这种现象,集中传统教学和MOOC(Massive Open

---

[1] 何克抗.信息技术与课程深层次整合理论[M].北京:北京师范大学出版社,2008.

Online Courses）两者优点而避其缺点的小规模限定性在线课程 SPOC（Small Private Online Course）兴起，被认为是当下最有效的教学方法，是现代信息技术在改善教学方法、教学手段以及教学模式等方面的应用。

智慧教室利用率低。当前很多高校建立了智慧教室，利用现代信息工具多屏展示、触摸电子设备参与学习和讨论，学生通过动手参与，提高学习的主动性和积极性。但是我国高校目前还没有真正实现小班化教学，班级人数过多，不太适合这种智慧教室授课模式；智慧教室也不能匹配所有课程的教学，导致很多学校的智慧教室使用率不高。

跨校、跨区网络共享课应用受限。目前有些高校也实现了网络联合授课、学分互认，但是这方面的应用相对来说还是非常有限，只是在某些学校的某些科目实现了网络联合授课，很多高校学生还是停留在本校课程教学，对一流高校的优质教育资源可望而不可即。

## 三、现代信息技术与高校教育教学融合路径

随着智能终端设备、5G 网络和通信设施的性能提高，现代信息技术得到迅猛发展，应探索将其深度融合到教育教学的新途径中。

人工智能环境下高校教育机器人进行专业基础知识的普及。目前在学前教育和小学教育中已经开始利用机器人进行基础知识的普及，在高校却非常少。高校因为受专业限制，不同专业需要不同的专业知识，软件开发难度大，对机器人的要求高，比如，对热点问题的解答、未来本专业发展趋势等。知识的更新总是落后于当今时代的发展，对有研究需求的学生来说教育机器人的辅导就有所不足，这就需要随时更新学习内容，每个专业都是如此的话，需要强大的专业研发团队的支持。科研人员和教育工作者共同合作，研发适合高校学生学习的教育机器人，让教师从繁杂的基础知识传授中解脱出来，将更多的时间和精力应用于学生的答疑解惑、情感交流，引导学生向纵深发展。

大数据环境下个性化学习和评价。大数据的快速发展，相信在不久的将来就会在高校中普及应用。通过大数据可以追踪学习轨迹，从而进行分析，明晰每个学生的学习喜好、学习时间分配以及对知识的掌握程度等，再进行

阶段性总结分析，给出科学合理的评价，从而给出下一阶段的学习建议和学习知识推送，这样周而复始，为每个学生量身打造学习内容、学习计划、学习方法、学习时间等，加之教师的针对性指导，让期望已久的"个性化学习"和"个性化教学"变成现实。

  云计算环境下优质教育资源的共建共享。随着网络和硬件设备性能的提高，云计算支持下的各种网课平台不断涌现，如中国大学 MOOC、爱课程等，现在都已经发展得比较成熟了，高校学生可以通过这些平台发布的课程资源进行网课的学习，各个高校教师还可以借助这些资源进行本专业的授课，对不合适的课程进行修改和补充，以达到本校教学需求。未来各个高校之间可以联合进行课程开发和建设，或者每个一流本科专业带领几个普通高校联合进行课程的研究，联合推出共同学习内容，让一流教育资源得到最大限度的利用。

  "互联网+"环境下优质课程直播。"互联网+"环境下，各大高校的现代通信设备和网络已经普及，当有名师名家授课时，不在本校或者当地的学生，可以利用网络直播工具及时领略名家风采，与他们进行线上交流探讨，让学生在犹如亲临现场的环境中进行知识的学习讨论，更好地发挥名师的榜样典范作用，让学生在欣赏其大家风范的同时，引导学生在自己的专业领域不惧困难、刻苦钻研，在自己的专业领域不断发展。

  虚实结合的教学班级授课与管理。随着现代网络的普及应用，网课会越来越方便。各高校实行学分互认后开发的一门网课，不同地区和不同学校的学生都可以学习，通过对学习者进行分组实现不同地区和学校学生的管理，通过异步 SPOC 实现不同学校学习时间的管理。但是同一个实体班级的学生分布在网上不同的网站进行学习，实体班级的教师如何进行学习效果的监督、学习成绩的统计汇总，还需要各大学习网站能够实现同一后台管理和信息管理。

  改变当前的教育现状，急需现代信息技术和教育教学深度融合。虽然当前已经取得了一些应用成果，但是方式方法和手段的改变还没有达到二者的深度融合，即现代信息技术伴随教育教学始终。现代信息技术的发展将促使新的教育时代的到来。

# 第二章　高校教育教学的基本原则

## 第一节　高校教学原则新探

从我国新时代高校教学的视野，对科学性与思想性相结合原则、启发性与创新性相结合原则、专业性与综合性相结合原则、理论与实际相结合原则、教学与科研相结合原则等高校的几个基本教学原则进行探讨，彰显出高校教师做好教学工作的一些新意蕴。

高校教学原则，是指高等学校教师从事教学工作必须遵循的基本要求。它是根据高等教育目的、任务和教学规律提出的，是高校教学实践经验的概括和总结。

我国高校的教学原则，是根据我国的教育方针、高等教育的任务和高校的教学规律，批判地继承了古今中外的高等教育精髓，特别是总结了我国社会主义高校教学实践经验的基础上提出的，对我国高校教学实践具有积极的指导作用。高校教师正确贯彻教学原则，是全面完成高校教学任务，提高教学水平和教学质量的重要保证。

高校的教学规律是客观存在于高校教学过程之中内部诸要素的本质性联系。高校教学规律的作用一般是通过教学原则对教学现象的本质解释来体现的，而高校教学原则是高校教学过程客观规律的反映，它是人们在认识高校教学规律的基础上，根据一定的社会教育目的和高校的教学任务，经过一定的理论加工而提出的高校教学工作的基本要求。高校教学的基本规律，主要有：专才教育与通才教育统一规律、间接经验与直接经验统一规律、掌握知识与发展能力统一规律（教学的发展性规律）、传授知识与思想教育统一规律（教学的教育性规律）、教师主导作用与学生主体作用统一规律等。

目前，在我国"高等教育学"中关于教学原则的名称、数目及其体系，还没有完全统一的意见。不过，在我国高校教学工作中具有广泛指导意义的、确实被公认的和体现时代性的教学原则，我们认为主要是科学性与思想性相结合原则、启发性与创新性相结合原则、专业性与综合性相结合原则、理论与实际相结合原则、教学与科研相结合原则等。本节试图从我国新时代高校教学的视野对这几个教学原则作些探讨。

## 一、科学性与思想性相结合原则

科学性与思想性相结合原则，是指我国高校教学要以马克思主义为指导，坚持社会主义人才培养方向，向学生传授科学知识，并结合知识教学对学生进行德育，以完成立德树人的根本任务。

我国高校教学的科学性与思想性是辩证统一的。高校教学的科学性是思想性的基础，思想性是科学性的内在属性和重要保证。这一原则是高校教学的教育性规律的充分反映，是高校培养"德、智、体、美等方面全面发展的社会主义建设者和接班人"的必然要求，使高校立德树人的根本任务得以落实，体现着中国特色社会主义高校教学的根本方向和特点。

贯彻科学性与思想性相结合原则的基本要求如下。

### （一）高校教学要确保科学性，向学生传授知识

高校教学的科学性，是指高校教师向学生"传道授业解惑"的知识内容必须是科学的、正确无误的。为了便于学生理解教材知识，教师授课力求通俗易懂、生动形象，打比方、举例子、看视频，或者为了开阔学生学习眼界，向他们介绍不同的学说和观点等都是需要的，但要保证科学性，不要庸俗化、低俗化和极端化，更不能有违背国家宪法和法律的言行，不能向学生传播错误的思想观点、内容。此外，教师一旦发现自己的授课中有错误，要及时纠正。

## （二）高校教学要贯穿思想性，对学生进行德育

高校教学的思想性，是高校教学中内在的能够对学生思想政治道德品质产生影响的特性。整个教学中教师要根据不同学科课程的特点对学生进行德育（思想政治道德教育），充分发挥高校教学"立德树人"的教育性作用。从内容上看，一是理想信念教育，包括马克思列宁主义、毛泽东思想、邓小平理论、"三个代表"重要思想、科学发展观、习近平新时代中国特色社会主义思想主题教育。二是社会主义核心价值观教育，引导学生树立正确的世界观、人生观和价值观。其中，高校教学要引导学生牢牢把握"富强、民主、文明、和谐"作为国家层面的价值目标，深刻理解"自由、平等、公正、法治"作为社会层面的价值取向，自觉遵守"爱国、敬业、诚信、友善"作为公民层面的价值准则，将社会主义核心价值观内化于心、外化于行。三是中华优秀传统文化、革命文化和社会主义先进文化教育，弘扬民族精神和时代精神。从形式上看，一是高校思想政治理论类课程教学，要充分释放对学生直接进行德育的强大作用，让学生坚定马克思主义信仰，用毛泽东思想、邓小平理论、"三个代表"重要思想、科学发展观、中国特色社会主义理论体系和习近平新时代中国特色社会主义思想武装头脑。二是高校其他人文社会科学、自然科学类等课程教学，要积极挖掘不同学科教材的思想性，在教学中对学生加强德育教育。例如，文学、历史学、艺术学等学科类课程教学，要充分利用其蕴含丰富的德育因素（如"爱国、敬业、诚信、友善"），潜移默化地对学生进行德育；理学、工学、农学、医学等学科类课程教学，要强化对学生进行爱国主义情感、科学精神和科学态度等方面培养，促进学生树立勇于创新、求真求实的思想品质，以达成"课程思政"目标。

## （三）高校教师要不断提高自身的专业水平和思想修养

高校教师要不断钻研业务，不断提高自己的专业水平（专业知识、能力等水平），养成严谨治学的科学态度，形成科学的世界观和方法论，并运用于把握教材内容，指导教学实践。同时，高校教师要以德立身、以德立学、

以德施教，不断提高自己的思想道德修养，充分利用自己对学生潜移默化的影响，结合所教学科的特点创造性地对学生进行思想政治道德教育。只有这样，才能保证高校教学的科学性与思想性的统一。

## 二、启发性与创新性相结合原则

启发性与创新性相结合原则，是指高校教学要充分发挥教师主导作用和学生主体作用，"注重学思结合"，调动学生学习的主动性、积极性，激发学生的积极思维、创新思维，促进学生在融会贯通地掌握知识的同时，培养创新精神和创新能力。

高校教学坚持启发性与创新性相结合原则，目的是为国家"培养具有社会责任感、创新精神和实践能力的高级专门人才"。

贯彻启发性与创新性相结合原则的基本要求如下。

### （一）高校教学要调动学生学习的主动积极性

高校教学中，教师要充分调动学生学习的主动积极性，包括学生的学习动机、兴趣等。这是学生学习的内在动力，是学生学习主体作用发挥的首要条件。同时，针对部分学生学习目的不明确和责任感不强的问题，教师还应对学生的学习目的、态度等方面进行启发引导教育，增强学生学习的责任感和使命感。

### （二）高校教学要激发学生的积极、创新思维

学生的积极思维和创新思维常常是由问题情境而引起的。高校教师要根据课程的教材特点和学生的学习实际，在教学过程的各个环节，都要考虑如何从教学的重点、难点来创设问题情境，以激发学生的积极思维和创新思维，并采取具体的措施切实实现。例如，教师授课时要启发学生敢于对某些已知事物产生怀疑而再思考；敢于否定某些自己一向认为"是"的事物，通过再认识，发现其中的"非"；能进行"由此及彼"的思考，朝着前向、逆向、纵向、横向的发散思维；发扬教学民主，开展课堂讨论，鼓励学生各抒己见；实验（实训）中引导学生创造性地设计、报告等。这样进行教学，有利于培

养学生的创新精神和创新能力。

高校教学的启发性、创新性要以学生掌握知识为基础,并同发展学生学习的认知能力(观察、记忆、思维、想象等能力)、探索能力和实践能力等方面相结合。同时,教学要"注重因材施教",关注学生不同的特点和个性差异,发展每个学生的优势潜能和创新能力。

教学要有创新性,就需要教师有创新意识。今天我国政府和大学都很强调创新,但大学教师做研究真正凭好奇心驱动的很少,而好奇心才更能驱动创新。另外,李培根认为"创新教育不是奢侈品"[①]。创新教育不只是重点大学的事情,也是高职、中专、技校的事情,它们也有能力培养学生的创新技能。同样,创新教育也不只是优秀学生的事情,每一个大学生都有创新潜能,只不过很多学生的潜能还没有发挥出来罢了。

## 三、专业性与综合性相结合原则

专业性与综合性相结合原则,是指高校在实施专业教育的教学过程中进行综合化教育。这是一条反映高等教育本质特性的教学原则。

高等教育是一种专业教育,以培养学生将来从事某种专业(行业)工作为目的,也就是为社会培养各级各类的高级专门人才。

当前我国高校实施的专业教育,是根据学科领域(如本科教育12个学科门类、高职教育19个专业大类)和社会行业(职业)部门的分类而设置专业,其教学组织单位为院(系)等。高校的教学过程主要是围绕着专业而展开的,并且随着学生年级的提高,教学过程中的专业理论知识的传授和专业技能的训练所占的比重也越来越大。

高校实施的专业教育,是现代科学发展高度分化和社会分工的产物。同时,要看到科学发展的高度综合和社会分工的整合趋势,对高校人才培养提出了综合化的实然要求。相应要求高校教学的专业性和综合性的结合,为社会培养专业知识扎实、综合素质高、实践能力强的高级专门人才,这也是高校教学"专才教育与通才教育统一规律"的集中体现。

---

① 李培根.创新教育不是奢侈品[J].教书育人,2009(32):1.

贯彻专业性与综合性相结合原则的基本要求包括以下两个方面。

（一）高校教学要扎实进行专业教育

我国高等教育（学历教育）应当符合的学业标准是：第一，专科教育应当使学生掌握本专业必备的基础理论、专门知识，具有从事本专业实际工作的基本技能和初步能力。第二，本科教育应当使学生比较系统地掌握本学科、专业必需的基础理论、基本知识，掌握本专业必要的基本技能、方法和相关知识，具有从事本专业实际工作和研究工作的初步能力。高校本科、专科（高职）的各种专业培养方案（教学计划）、各门课程和各个教学环节，都要根据上述标准扎实地进行专业教育，提高专业人才培养质量。

（二）高校教学要适切进行综合化教育

我国高校教学在专业教育中进行的综合化教育，可分为两大类型：一是通识课程贯穿于大学生的四年或三年学业之中进行。二是通识课程集中于大学生的一、二年级学业之中进行。从中培养大学生的人文、科学（科技）等方面的综合素质，也提升了大学生专业学习的基础。还有的高校是按学科大类进行的综合化（复合型）教育，即某一学科门类的综合化教学。

当前，值得审视的是我国部分高校教学在推进综合化教育时，存在着学科专业教育及优势被弱化的突出问题。对此，我们很需要回归大学之道——遵循高等教育的人才培养规律，大力重塑高校的学科专业教育，也就是高校教学在实施学科专业教育的同时，适度地进行综合化教育。

例如，我国首批"双一流"高校的建设，必然是建立在一流学科的基础上的。所谓双一流，无论是一流高校还是一流学科，都突出了学科建设的要求。即便是双一流大学，也都需要落实具体重点建设学科。这些本质上都在引导高校明确自己的优势与特色，而不是什么专业学科都去做，都去建设，这显然是对过度综合化的调整。

## 四、理论与实际相结合原则

理论与实际相结合原则，是指高校理论知识教学要联系实际进行，"注重知行统一"，引导学生从中去理解和运用知识，从而学以致用和培养实践能力。

理论与实际相结合原则，反映了我国高等教育目的（方针）的要求与教学的间接经验和直接经验统一规律。学生学习的理论知识，主要是间接经验、书本知识，是人类的已知真理。这就要求教学注意理论联系实际，防止理论与实际脱节。

贯彻理论与实际相结合原则的基本要求如下。

### （一）高校教学要联系实际传授理论知识

高校教师在传授理论知识时，首先要讲清基本理论（理论知识的重点、难点），同时还要讲清产生这些基本理论的实践基础和这些理论的实际运用。因为各门学科课程的特点不同，所以教师授课联系实际的内容、方法也不同。教师对理论知识的传授，要联系的实际有诸多方面，如学生的知识、能力、思想实际；科学知识在经济建设和社会发展中的运用实际；科技特别是高新科技的运用实际；等等。

### （二）高校教学要加强实践性环节及训练

高校教学的理论联系实际，要通向生产（产学研）、社会实践等。通过课堂讨论、案例分析、模拟、实验、实习实训、社会实践、毕业论文（设计）与综合训练等环节让学生参加教学实践性活动，达到印证理论，应用理论去分析、解决实际问题和培养实践能力的目的。

高校教学为了加强实践性环节，课堂讲授应当"少而精"，重视知识的简约化、结构化，让学生重点掌握本学科、专业必需的基础理论、基本知识和基本结构（方法）。要构建高校课堂讲授与实践（实训）整合化的教学模式，更加重视大学生学习本专业必要的基本技能、实践能力和就业创业能力的培养及训练。

同时，高校应通过校际联盟、校企（行业）合作等途径来助推实践性教学的实施。例如，2017年由广西大学发起成立、全区34所高校加入的"广西高校新工科研究与实践联盟"，提出聚焦广西发展战略重点，面向当前和未来产业发展需要，主动优化学科专业布局，促进现有工科的交叉融合、工科与其他学科的交叉融合。要突破"围墙思维"，主动对接地方经济社会发展需要和企业技术创新要求，深化产教融合、校企合作、协同育人。要增强学生的就业创业能力，培养大批具有较强行业背景知识、工程实践能力、胜任行业发展需求的应用型和技术技能型人才。

最后，要强调的是高校教学的理论联系实际，必须正确认识教学中理论与实际的辩证统一性，既要防止理论脱离实际的教条主义，又要防止以实际代替理论的经验主义。当前，我国部分地方普通本科高校向应用型高校发展的教学改革尤其要防止经验主义。

## 五、教学与科研相结合原则

教学与科研相结合原则，是指高校把科研引进教学，培养学生的科学精神、科学态度、科学方法和科学研究能力。这是一条反映高校教学特殊性的教学原则。

19世纪初，德国的洪堡提出具有划时代意义的大学理念："通过科研进行教学"和"教学与科研统一"[1]，并在他创办的柏林大学付诸成功实践。从此，这一理念成为世界各国大学普遍推崇与共同遵守的原则。

当今，我国重点大学（"双一流"大学）与一般大学，本科院校与高职高专院校的人才培养层次，虽然有明显的区别，但科学研究作为高校人才培养的有机组成部分，则是所有高校人才培养教学过程的共同属性，它反映了高校教学过程的特点和规律，也就是"教学与科研的结合渗透在高等学校教学过程的一般形态中"[2]，以适应新时代中国特色社会主义建设对创新人才培养的客观诉求。

---

[1] 祖航.洪堡大学理念的形成及对我国高等教育发展的影响[J].大学，2023（7）：66-69.
[2] 潘懋元，王伟廉.高等教育学[M].福州：福建教育出版社，2013.

贯彻教学与科研相结合原则的基本要求包括以下两个方面。

## （一）高校教学和科研要全程性融合

从其活动的过程来说，一方面是高校教师将科学研究的宗旨、方法、手段及成果体现于教学过程的各个环节，实现教学过程的科研化。另一方面是高校教师将教学目标、内容、环节等融合到科研过程之中，实现科研过程的教学化，从而达到"教研融合"。在高校教研融合过程中，教师要及早引导大学生参与科学研究。国内外教育实践表明，大学生早期参与科学研究，既是培养创新人才的重要途径，也为促进学科发展和提升科研水平提供了生力军。大学生参与科研不仅给教师带来启示和反思，有助于促进教师科研和教学水平的提升，而且也直接促成了研究成果的产出和学科建设水平的提高。在国内外高水平大学中，大学生通过参加科学研究和技术研发取得创新成果（如发表高水平论文、申请发明专利、研发实用系统、社会调查咨政等）的事例并不鲜见。

从其活动的途径来说，一是结合各门课程的教学，尤其是专业课程和提高性的选修课程，在经常性的各种教学活动中实现同科研的结合。教师把最新的科技信息和科研成果引入教学中，如中国科学技术大学"把课堂设在科学研究最前沿"。又如，教师在中医学类专业教学中向学生介绍中国药学家屠呦呦获得诺贝尔生理学或医学奖的巨大科学成就——《青蒿素的发现：传统中医献给世界的礼物》[①]；教师在物理学、天文学专业教学中引导学生关注美国科学家对"引力波"的最新发现等。教师在教学中如能向学生呈现一些在科学技术上和新时代国家建设中亟待解决的难点问题或者重大问题，对于引发学生的科学探求和创新意识，培养学生的科研志向，是很有裨益的。二是通过课程论文或设计、毕业论文或设计以及某些为培养科研能力而开设的课程，如文献检索、科学研究方法等课程实现同科研的结合。三是结合教学组织学生参加学术、科技、生产、社会调查及"三下乡"服务等实践活动，也是有效的科研训练方式。这种教学与科研融合化的模式，对于学生来说有利于加强专业基础、拓展知识面和提高创新能力，尤其有利于培养科研能力及科学精神、科学道德和科学方法，不断提升人文和科技素养，增强为新时

---
① 屠呦呦：青蒿素是中医药献给世界的一份礼物[J].工会博览，2019（27）：15.

代中国特色社会主义建设做出贡献的使命感和责任感，也为学生的自主创新发展和可持续发展奠定基础。

### （二）高校教师要提高科研水平和能力

高校教师要一手做教学，一手做科研，也就是"教研相长"——"结合教学做科研，以科研促进教学"。教师在教学中，只有坚持不懈地做好科研工作，才能提高自身的科研水平和能力，并促进教学水平和质量的提高。教师只有做好科研工作，才能不断地将自己研究的新成果体现在教学内容中，才能真正实现"教学与科研统一"；教师也只有有了足够的科研经验，才能更好地指导学生的科研活动。

例如，河北农业大学的几代师生以科教兴国、科教兴农为己任，从农林学专业理论知识教学的实际出发，创新实践教学路径，走出校门、走向农村、走进农民，服务"三农"，长期扎根山区，"把论文写在太行山上"，综合开发太行山，走出一条科研进山、振兴贫困山区的"太行山道路"并生动传扬了"太行精神"，让科研成果转化为农民沉甸甸的收获，为贫困地区群众脱贫致富做出了突出贡献。

李保国教授是河北农业大学优秀教师中的杰出代表。李教授毕生躬耕太行，30多年里先后在贫困山区推广36项实用技术，累计应用面积1826万亩，培育农业科技人才千余人。丰硕成果的背后是艰辛的付出。单是土质治理，李教授和他的团队就研究了十几年……他被同事和学生誉为"太行新愚公"，"把最好的论文写在了太行山上"。尽管每年在太行山区蹲点半年多，他仍然承担着校内不小的教学任务，尤其是他一直坚持给本科生上课。不管外出多远、时间多紧，他总能及时赶回学校，没有耽误过一节课；为了激发学生学习的积极性、创造性并促成学以致用，他甚至把课堂搬到山上，在果园里给学生上课。"我们都知道他很忙很累，但他坚持要求排满自己教本科生的课程。他说教授给本科生上课很重要，能帮助学生们从一开始就爱上农林专业。"[①]

上述关于高等学校的几个教学原则，都有其科学依据、内涵和作用，从

---

① 翟英琴.李保国：太行山上的新愚公[M].南宁：接力出版社，2020.

不同方面对高校教师的教学工作提出了基本要求。但这些教学原则又是相互联系、相互作用的,是一个有机统一的整体,不能孤立地看待每一个原则。高校教师在教学工作中既要把握每条教学原则的精神实质,又要重视把握教学原则的整体功能,全面地加以贯彻,创造性地综合运用,以提高教学水平和教学质量。

## 第二节　现代高校教学制度的价值理念与创新原则

制度建设与实践创新作为高校教育教学和人才培养质量的重要保障,是尊重高等教育规律,培养学生创新精神和实践能力的需要,也是办人民满意教育、建设创新型国家、构建和谐社会的需要,现已成为高校教学改革的重要研究领域。高校教学制度创新的供给侧亟须更新,以适应诸多需求带来的巨大挑战。分析教学中存在的制度问题,探讨教学运行、教学管理、教学服务的理念基础、价值精神和创新原则,有利于健全立德树人落实机制,扭转不科学的教学保障与评价导向,建构以培养德智体美劳全面发展的人才培养体系。

制度一般指要求大家共同遵守的办事规程或行动准则,也指在一定历史条件下形成的法令、礼俗等规范或一定的规格。教学制度作为一种特殊类型的制度,与一般的社会经济、政治制度在本质上是一致的,都是一种规范体系。制度的制定是为了给更多的人创设适应有效教学的制度环境或者教学环境,也是对少数不当教学行为的约束和限制。良好的教学制度能够保证教学活动按照预期的方向顺利、有序进行。教学制度是提高教学质量的关键环节,分析教学中存在的制度问题,探讨教学运行、教学管理、教学服务的理念基础、价值精神和创新原则,有利于建构创新人才培养的保障机制。

### 一、现代高校教学制度构建存在的问题

高等教育的发展已经实现精英教育向大众教育转化,教育的规模与数量

发生了翻天覆地的变化。高校教学制度的建立和完善变得越来越困难，一方面，高校之外的学习变得越来越简单，途径也越来越多，在很多专业领域，维基百科、TED视频、应用程序、在线课程、论坛、游戏及聊天室百花齐放。智能学习系统的开发和应用场景在高校教学中也非常常见，相比传统教学，在线课程、混合课程几乎建立在完全不同的原则基础之上，学习时间更自由，教学材料更丰富，内容被切割成更多的小块。这些都鼓励了那些学习自觉性更高，教师、辅导员、教学管理人员依赖甚少的学习者，网络、电子资源成了他们学习的中心。在斯坦福的一门慕课中，来自全世界的400名学生完成得比斯坦福大学最优秀的学生还要好。换言之，斯坦福最优秀的学生被一帮自学者打败了。另一方面，教学制度中的评价系统也正在发生变化。可汗学院在提供与教材匹配的在线课程的同时，通过数据控制器检索所有学生，获取大数据信息，学生的网上行为被一一记录，包括时长、频次、作业完成时间、反馈及时性，等等，有助于帮助教师全面把握学生的学习成效。姑且不论数据分析器是否存在道德考察和伦理考量，学生和教师确实在此评价系统中受益，对于看得见的提高，师生皆大欢喜。学生的学业表现被网络公示后，激发了学生更用心地创作。这些变化都弱化了教师教学管理者的作用，也弱化了传统教学制度的功能。在高度解析化的社会，传统教学制度面临土崩瓦解的危机，我国教学制度改进的理论和实践应对表现出滞后性。

我国已经成为世界上高等教育规模最大的国家。新一轮科技革命和产业变革扑面而来，新产业、新技术、新业态、新教育正迎接新的未来，国家创新发展和产业升级对人才的迫切需求前所未有。人才培养的政策环境与制度保障面临着更高要求和巨大挑战，然而,制度建设需要的理论支撑、人才支撑、平台支撑却依然相对不足，供给侧结构已远远不能满足教育需求侧结构的需要，尤其是不能满足当前高校人才培养的需求。

（一）教学制度创新的理论支撑及科学化不足

我国现代教学制度除从古代《礼记·学记》等经典教育典籍中获取外，主要来自国外高校教学经验，大多从美、英、俄、日、德等教学发达国家引入，但结合我国本土高校、立足本土思维的制度理论研究缺失，而国外的教学制度在试用和探索阶段容易出现"水土不服"和"走弯路"的状况。在有限的对大学教学制度研究的著作和论文中，大多探讨的是教学管理的基本流程、制度建设的常识性知识和操作性程序，而缺乏系统化的理论研究。多数学者从工作需要的角度出发，强调教学及管理的操作性层面革新，集中在组织制度和激励制度等方面的探讨，理论深度不够，尚未形成全面的教学制度研究框架。部分高校教学制度建设一直处于探索阶段，其研究未受到足够重视，难以形成系统性的规则体系，经验管理痕迹依然很重，距离科学管理的路程还很远。

### （二）教学制度建设的研究组织和平台发育不充分

现代大学已经加快了科学研究、科研发展的步伐，很多高校设置了高等教育研究处、发展规划处、发展研究中心和相关研究室等机构，但研究大多定位为宏观政策研究，对具体微观的教学制度，主要还是在教务处、教学研究室等部门，通过长期的办学实践，陆续出台了有助于科研发展的规章制度，有效激励了科研成果的孵化。相比而言，教学的制度建设、制度研究、制度实践本应由参与教学活动的群体共同负责的工作被片面地看作教学管理部门的职责，教务处既是制度研究主体，又是制度执行的主体，没有形成全校多元研究和教师群体共同关注的研究对象，很多学术造诣高的教师、研究型的科研组织很少关注教学质量和相应制度的建构，对教学及其教学保障相关制度的热情明显低于对科研成果的追逐。这也使得教学制度研究深度不够。伯尔曼指出，"一项制度要获得完全的效力，就必须使人们相信制度是他们自己的"[①]，这就需要吸纳多元利益相关者共同研究教学制度，多元共建的制度是"经得起重新谈判的考验"的教学制度。

### （三）教学制度改革创新的路径创新不够

教学制度需要适应人才培养，尤其是创新人才培养的现实需求。受"路

---

① 伯尔曼.法律与宗教[M].梁治平，译.北京：商务印书馆，2012.

径依赖"和传统行政化思维的影响，集权式的制度生产方式，往往缺乏制度生成的创新路径，使得大学教学管理制度存在制度适应不良，忽视教育教学和大学教师身心的特殊性，难以有效培养大学教师良好教学行为等问题。当前，制度的文本数量已经超越了以往的任何时期，大学通过制度的刚性和约束作用，适应了管理的需求，却忽视了育人的保障，制度控制的刚性容易导致教学管理制度的非理性增长，控制代替了激励，教师会有消极的情绪，学生会产生逆反心理。良好的管理应当"既有纪律，又有自由；既有统一意志，又有个人心情舒畅"，在教学管理的制度生成和过程执行中，需要创新更多的制度生成路径和实施路径，让控制与教学自由之间达到一种平衡，刚柔相济，统而不死，放而不乱，既要有教师和学生的接受度，又让师生在育人过程中体验到获得感。

### （四）教学制度创新的方式方法单一陈旧

大学教学人员作为具有主观能动性的"理性经济人"，他们的教学行为选择要受到个体情感需要和物质利益需求的影响。制度设计需要从主体、时间、空间、文化、心理等因素的分析入手，掌握并运用有效的基本方法，对教学习惯或已有条件进行更新。然而，由于制度依赖和惯性思维的影响，任何变化均需要付出相当的工作量，甚至会因为调整一定的利益格局，制度创新往往成为费力不讨好的实施，经久不变的陈年旧法即便大众都知道有问题、有漏洞，但由于制度创新的方式方法单一陈旧，很难提出建设性的创新方式方法，难免会造成主观主义和命令主义的错误倾向，不易及时把握教师和学生的感情，造成激励无效，影响师生教学积极性和教学绩效。制度之间的衔接也缺乏相应的机制，因而亟需选择适当的方法，并有效组合，从而达到事半功倍的效果。我国高校教学制度建设大多采用借鉴历史、整合其他高校教学制度为自己所用的方式，缺乏制度创新的合理性解读程序，没有很好地开展深入系统的研究和实践，制度具有局限性、稳定性和不确定性。

## 二、高校教学制度建设的价值理念

历史制度主义认为制度是一种"连续的结构",社会学制度主义认为制度是"文化规范"和"认知框架",理性选择符合学校教学实际的制度框架文本,把制度建设成"规则的集合"。目前,保证教学质量和提高教学水平已成为高等教育改革的主要内容。前者是大学内部功能定位所决定,后者是人才竞争中的市场确定。在加强高等教育教学改革研究的同时,推进教学管理制度建设,克服制度建设的固有顽疾,发挥制度建设在管理、评价、诊断、反馈中的积极作用,切实解决大学人才培养中的实际问题,为教学改革提供良好的制度环境,已是不容忽视的问题。通过制度的设定,逐步转变教学思想、教学内容、教学方法等内容的人性观、教学观和管理观,树立高校教学管理制度建设的新理念,是推进和切实保障教学改革的重中之重。

### (一)坚持立德树人的理念

德为才之资,树人先立德。高校具有人才培养、科学研究、社会服务和文化传承的四大功能。人才培养是其最核心、最根本的功能,贯穿于其他各项功能之中。大学作为高素质创新人才培养的重要基地,要准确把握立德树人的深刻内涵和实践要求,并将之贯彻到人才培养全过程、全体系和全环节之中。未来世界的竞争,归根结底是人才的竞争、科技的竞争,特别是创新人才的竞争。人才培养的质量提升取决于三方面的因素:观念、制度、人才。管理观念的来源主要是管理对象即人性假设的发展演变,从以控制奴役为主的"宗教人"发展到以管理效率与技术趋向的"经济人",再到如今以知识创新与资源增值的"知识人""创造人"。高校建设和改革的基本出发点是"以人为本",落实立德树人的根本要求,准确把握高等教育基本规律和人才成长规律,让学校所有工作都能真正回归常识、回归本分、回归初心、回归梦想。首先在全校上下统一"以人为本"理念中对教师和学生的人性假设,现代高校师生首先是具有知识水平、探索能力和创新精神的"学术人"和"知识人"。"办学以教师为主体,教学以学生为中心",归根结底管理制度的设计是"为人"服务,切实加强制度的"为人性"和"育人性"。

## （二）全面协调与可持续发展理念

人才的培养是全面发展的人才培养，当前，基础教育负担重，高校学生负担相对较轻。前教育部部长陈宝生也指出，要狠抓大学教学质量，坚持科学发展观，落实"以本为本，四个回归"，确保教学工作的中心地位。制度的"普适性"要求制度设计必须统筹兼顾，综合协调，而教学制度的指向性则要求制度设计在人才培养过程中应充分适用，切实扭转当前评价的四维倾向，建立科学合理的多元评价机制。从现实来看，当前高校效益来源，还很大一部分依靠学生学费收入，部分大学存在扩大招生规模的激情，缺乏注重质量的理性。加强规模与质量相互匹配，在制度设计上促进规模、质量、结构、效益协调发展，正确处理和保障教学与科研的协调关系，以科研带动教学，以教学促进科研；改善师生交往关系，从以教师为中心转向以学生主动发展为主，"学生中心、持续改进"，充分对话交往，发挥教学民主。

## （三）质量优先与质量保障理念

教学管理的质量包括教学质量、人才培养质量、公平道义的关注以及制度文化建设等。质量是制度建设优劣得失的重要指标，把握和关注这些质量要素是良性制度建设的前提。教学制度作为教学工作的重要保障，是对学生学有所得、学有所成的全面负责。我们所说的质量是全面发展的质量，其维度是立体、多元和动态的。不仅仅是知识质量，还要建立健全的具有参与性、公开性和透明性的各项工作制度、管理制度和评价制度，使学校的质量精神成为全体师生共同遵守的行为准则，自觉为学校的质量目标和质量方针实现而努力。

## 三、高校教学管理制度建设的创新原则

关于制度的形成，施密特提出了一个强大的"观念性逻辑概念"，即制度形成的根本动力来自观念，其直接动力在于基于观念而生成的话语。高校教学管理制度需要根据人才培养目标和规格要求，尊重传统又不拘泥于传统，适度维持与适度创新相结合。高校教学制度的创新，一是有赖于主体的自觉和理解，尊重制度的规范作用与引导作用，承认制度的价值并自觉遵从和执

行。二是有赖于内生需求和动力，制度建设本身有追求"健全和完善"的需求，力求理性与德性相统一，追求制度的理性和张力。三是有赖于周期性的等待与坚守，万物有周期，制度的优劣得失需要时间检验，也需要时间去被认知和认同，在改革与坚持之间应当有静待花开的耐心，避免制度建设一直在变动之中。因此，我国高校教学管理制度建设既要有辩证的思维，又要有科学的理性，追求创新又坚持原则。

（一）继承与创新相结合原则

管理的核心内容是在现有管理效能基础上有所提升，维持是基础，创新是方向。维持是保持现状，是求变创新发展的基础和载体。制度的发展需要保持制度的延续性和稳定性，否则就会让制度环境不可捉摸，主体也会显得无所适从，教师和学生在人才培养的努力中，容易缺失努力的参照和方向。尊重传统制度的管理优势，运用现有教学管理中的优秀经验，尊重现有运行模式。将经验管理进行科学化转化的一个必要环节就是，教学管理经验的制度化、标准化和专业化。教学单位和相关部门需要改革教学管理制度，一方面，要正确对待"破"和"立"问题，谨慎推进和大胆创新相结合。另一方面，也必须承认，创新毕竟是一个过程，既非流行的口号，也非终结的目标。必须充分考虑大学人才培养的实际，把握办学和教学的规律，仔细思考部分制度"维持"和坚守的意义，既不能不顾办学规律蛮干，又不能固守成规、一成不变。既不能为创新而创新，又不能不顾办学实际，完全否定延续的制度体系。大学制度创新需要在局部突破时牢牢把握住其他部分的维持，创新是维持的基础发展，维持是创新的逻辑延续。

（二）制度建设与实践创新相结合原则

教学管理制度不是固化的文本形式。创新的前提就是调查研究和理性思考。创新是一个逐渐完善、螺旋前进的过程，创新是在规范基础上的创新。制度建设始终是规范层面的东西，必须通过不断的实践探索，科学创新才能把制度建设中的相关思想落实到具体的实践中。通过实践的创新探索，不断总结经验，又为进一步的制度建设提供有力佐证，并为丰富制度体系奠定基础。教学管理制度的变革性和创新性已经在人类教育活动实践中有所应用，教学管理制度还将继续成为一个生机勃勃的规范体系。保留制度中富有成效、合理的内容，实现教育的可持续发展，必然要有制度建设的创新精神和勇于实践的探索精神。

### （三）整体把握与细节处理相结合原则

教学管理制度是一个复杂的制度系统，在制度设计时要充分把握全校教学工作的整体框架，面向全体教师和学生，关注教学的所有环节与基本条件，从整体把握教学管理的内容体系，同时又要重视制度设计的论证，充分考虑具体制度细节的可操作性与可测量性，确保制度运行合理有效，既全面管理又重点把握。细节处理是整体把握的必要保障，在整体中注重细节，在细节中体现整体。制度的建设和完善需要充分考量决策层、执行层、监督层的彼此衔接，在不同的制度体系中，还需要注意交接界面的细节把握，既要注重制度体系中的内部环节的一致性和有效性，还要注重外部制度和内部制度的彼此呼应，教学制度与人事制度、财务制度、后勤保障制度之间也需要衔接和配合。

### （四）民主与集中相结合原则

信息时代的到来，人与人之间越来越透明，教学行为也越来越被可视化和可量化。教学制度既要充分尊重决策的强推进性，又要注重师生个体在教学行为中的表现特征，注重师生在教学中的话语权与表达方式。集思广益和众筹智慧越来越被教学决策者重视。数字化校园越来越重要，数字化、智能化管理普遍存在于教学过程之中，个体被行为数据分析得越来越透明，人与人的差异被解析得越来越透彻，用普遍的制度去约束或引导教学行为的难度越来越大，教学中的民主正受到制度倒逼和技术倒逼，教学制度在创新和被创新中砥砺前行。

大学作为底蕴厚重的学术机构，是一个松散联合的组织系统，校院系及各学科专业之间在教学管理流程和方式上也存在巨大差异，教学人员的情感机制和教学运行的复杂网络，也很难依靠统一强硬的教学管理制度达到理想的管理效果。哲学家温迪·楚指出，程序将会成为一切"不可见的却又有着巨大影响力的事物"的强有力的隐喻，制度为了保障程序的公正合法，需要随时关注这些"看不见的手"。与此同时，数字化社会的到来，诸多新兴技术正在倒逼高校教学改革，诸多以人为本的教学创新正在变成现实，如同人工智能汽车能够提升道路安全性和使用率，其正向价值显而易见。但是，为此我们也要为无人驾驶修改诸多的制度，如交通法、保险制度、基础设施配套等。教学创新和改革变成现实之后，我们同样需要在如此自由和个性化的校园，提供更丰富的教学制度，我们需要一种新的制度性结构与之相适应，我们面临教学方式、内容、方法和智能化技术手段的冲击、解析和解体，甚至包括教学组织形式的解体，教学制度的建设专家也将逐渐面临更多的现实问题，有些问题可能我们现在毫无头绪。在构建现代大学制度基础上，如何提高现代治理能力和教学管理水平，依然是个永恒的话题。

## 第三节　高校教学管理如何贯彻以人为本原则

高校是教育事业的主阵地，其教学质量的高低与社会的发展有着直接关系。高校教学管理作为高校管理工作的重点领域，需要贯彻以人为本的理念，这既是实现培养高质量人才目标的需要，也是教学互动正常开展的重要保证。在高校教学管理工作中贯彻"以人为本"理念应突出以教师为本，以学生为本，建设一支有人本理念的管理队伍。

### 一、以人为本理念与现代高校管理

"以人为本"理念是中国共产党在发展真理的道路上实现的新突破，摆脱了传统以物为发展中心的观念。传统的发展理念将物质财富的增加作为社会进步的物质标准，没有充分注重人的发展和人的自由度问题，出现了"见物不见人"的现象。新时期"以人为本"打破了这一发展的标准，把人的全面发展作为社会发展与进步的标准，更多地将人作为各项工作的中心，以追求更加和谐的社会关系。以人为本的思想是一种系统概括的思想，指导社会发展，在不同领域有不同的体现形式。对于高校教学管理领域而言，坚持以人为本思想的管理，就是以师生为主体，追求师生全面发展和自由发展，从师生的自我管理基础出发，按照教育的整体目标引导教育教学活动，通过组织师生的不断努力实现全面的自由发展的管理。

## 二、高校教学管理中贯彻以人为本原则的现实意义

高校教学管理是"建设、改革和管理"的有机融合，是通过一定的管理程序和管理手法对教学活动进行规划、组织、指导和控制，最终实现教学目标的过程，涉及内容广泛，是高校管理工作的重中之重。高校教学管理贯彻落实以人为本原则，确立以学生和教师为中心的管理模式，具有以下几个方面的优势。

有利于调动多方的积极性。高校管理涉及的三个最主要的管理因素，学生、教师和管理人员，组成了高校教学管理体系。以人为本的贯彻落实还需要更好地发挥三者的关系，充分调动工作积极性和创造性，发挥更好的管理效果。高效的教学管理模式，需要从招生注册开始，细化教学计划、教学过程、学籍管理等环节的框架，符合实际，科学可行。以人为本的高校教学管理，做到以学生、教师和管理人员为核心，从人的利益角度出发，维护好、尊重好、实现好人的各种要求，得到人的认可，才能真正发挥管理体系的学习工作热情。

有利于创新人才的培养。创新是发展的核心动力，没有创新就没有新技术新思想，发展也就失去了动力。以人为本的高校教学管理扩大了创新人才培养的有效途径，因为学校本身就是培养创新人才的地方，全面发展、具有创新思维和创新能力的人才对于社会发展来说至关重要。以人为本的高校教学管理突出了创新意识教育，强化主观创新观念，不再束缚和限制个人的发展，以充分的发展自由刺激创新能力的发展。以人为本的高校教学管理还转变了传统的人才观念，以更加符合时代需求的模式进行人才培养，摒弃陈旧落后的课程设计，增加现代化的内容，以新发展和新成果引导学生发挥主观

能动性，提高创新能力。

有利于多层次的教学管理。教学工作是高校的基础工作，教学管理则是保证基础工作顺利开展的关键。以人为本的教学管理从制度上和规范上都与社会需求紧密结合，围绕科学管理体系健全了管理层次，进一步明确了具体的管理职责，教学过程中各个方面都能按照既定的方式进行，活动双方也有更强的参与性，提高了教学活动的质量，更提高了教学管理的效率。

## 三、高校教学管理中以人为本原则的具体要求

高校教学管理是一个庞大而复杂的系统，最主要的管理对象包括教师、学生和管理人员。高校的教学管理又是一个全面的系统，体现了以人为本的思想，管理对象相互关联又独具特色。高校教学管理以人为本原则的具体要求如下。

高校教学管理要突出以教师为本。要在高校教学管理中突出以人为本的原则，就必须将以人为本的目标细化，明确具体的管理措施，把以人为本落到实处而不只是停留在理论上。在教学管理中，以人为本原则主要表现在以教师为本上。确定教师的地位并明确教师的职责，充分为教师着想，维护教师的根本利益。

贯彻以教师为本的原则，首先要从教学活动中肯定教师的指导作用。教学活动作为一种社会活动，具有改造客观世界的作用。教学活动中，教师是主导者，是实践者，更是改革者。学生是教学活动的客体，也是实践对象和改革对象。教师的主体地位决定了相应的职责，教师要实践教学活动，要进行教学活动的设计和指导，也就是说教学活动是教师的"主战场"，突出以教师为本的原则，就要在教学活动中突出教师的导向作用，这个导向作用主要体现在教学内容、教学方法和教学组织的设计与实施中。

高校教学管理要突出以学生为本。教师的主体地位体现在教学活动的主导作用上，那么相应地我们也需要肯定和重视学生在教学活动中的主体作用。坚持以人为本，学生在教学活动中的中心地位坚定不移，高校教学管理要处理好师生之间的关系，达到最好的教学效果。

首先，学生是教学活动中获取知识的主体。在教学活动中，学生要学习新知识，掌握技能，提高思想道德品质，提升综合素质能力。所谓教学，教是为了学而存在的，教的效果也直接体现在学生的学上，教学质量表现为学生学习质量，这一系列的活动都体现在学生转化知识的行为方式上，所以学生在教学活动中的地位不可忽视。如果把学生作为知识的"容器"，学生始终处于一个被动的状态，知识的转化过程几乎没有学生的参与，教学活动怎么可能协调进行，学生也得不到应有的发展。因此，教学管理中，要明确突出以学生为本的原则，将教师的导学和学生的主体作用相结合，强调以教师为本的主导作用，同时也不忽略以学生为本的学习过程。相应地，如果学生不会学习，不去主动地学习，教师采取的教学手段也得不到任何效果，也就无法突出以教师为本的主导作用了。

其次，要注重教师与学生的互动过程。现代教学理论中对于教学活动中师生关系有了更加科学的观点，因为师生之间的沟通为知识的流动提供了一个良好的"网络"，双向地调动了教师和学生的参与积极性，学生在与教师的沟通中，主体地位充分体现出来，学生感受到自己受到了更多的重视，增强了学习的信心，建立了更强的师生信任度，有利于教师的教学手段达到预期目标。

最后，学生是充满活力的。学生在学习活动中主体地位的体现就是能动性，这个能动性极大地反映了学生的活力。如果教学活动中，每一个学生的优点和特点都得到了表现，学生会感到自己受到了更多的尊重，从而激发学生的潜力实现更加全面的发展。学生的活力不仅体现在课堂上，还体现在课堂外的各项互动中，所以以学生为本，更要注重学生的全面发展，自学能力的培养、创新意识的培养和实践能力的锻炼，都需要在教学管理中得到落实，这样才能让学生行使选择和发挥的权利，主动发展更加积极更加全面。

高校教学管理需要一支秉持人本理念的管理队伍。由于受传统观念的影响，专业知识的缺乏，在部分管理者的理念和思想中，还没有真正树立服务理念，仍然重管理轻服务，缺乏与教师、学生的沟通和交流的能力，这种缺乏"人本管理"的理念既不利于激发师生的教学热情和内在潜能，也不利于管理人员在工作上创新,不适应现阶段高校改革和教学管理发展的需要。在高校教学管理中贯彻以人为本原则,还需要建设一支有人本管理理念、专业知识娴熟、具有一定的组织管理能力和管理协调能力的高素质管理团队。他们能结合当代高校教学实际情况发现问题并及时解决问题,有科学的决策能力,对高校教学活动有一定的调控功能,并且不断更新先进的管理手段和管理理念,以适应不同社会环境下的管理工作。

总之,高校教学管理中,首先要确立服务意识,服务于人才是真正将人作为工作发展的中心。其次应给管理者提供发展空间与培训机会,学习科学的管理理念和管理手段与方法。最后要明确管理目标,想学生所想,解教师所急,满足教学活动发展的各种条件,让师生在良好的环境中都能得到充分的发展。

## 第四节 基于教师专业化的高校教学质量监控原则

教师专业化与教学质量监控是教育实践研究中的热门与焦点问题,在厘清二者内涵,分析二者相关性的基础上,经研究,高校教学质量监控应遵循以下三个原则:上下贯通,即以上级要求为依据与以教师意见为参考相结合;动静结合,即进行常态化的相对稳定的量化考核与实施动态的评价过程相结合;宽严相济,即严格按照教学质量监控标准及程序实施评价测量与进行弹性管理相结合。

在高校系统的教育教学过程中,师资队伍质量是影响教育教学质量的关键,教学质量监控是保障教学质量达到预期目标的管理活动,高校在实施教学质量监控过程中,应避免因制度标准的统一性、程序性以及不灵活性导致的阻碍教师专业化发展的弊端,充分发挥标准规范的考核对教师专业化的引导与促进作用,实现高校以质量谋发展,以质量促发展的目的。

## 一、内涵阐释

（1）教师专业化。教师专业化，最早提出是在 1966 年联合国教科文组织和国际劳工组织的《关于教师地位的建议》。我国教师专业化的提法，最早在 1993 年《中华人民共和国教师法》中规定"教师是履行教育教学职责的专业人员"。之后，于 1995 年确立了教师资格证书制度，加强了对教师专业地位的确认，促进了教师专业化的发展。

教师专业化的内涵，因对其考查的视角不同，而体现出差异性。对于高校教师发展而言，教师专业化指教师通过传授学业知识实现良好的教学效果，使学生在德、智、体等方面全面发展，为社会培养合格人才。对于高校人才培养目标而言，一是体现为高校教师因具有丰富的专业知识而成为某一学科的专家，二是肩负着教育学生成为有用的社会人的重担，要培养学生正确的世界观、价值观、人生观。

基于以上分析，可以看出，教师专业化是教师在教育实践中持续进步的动态发展过程。不仅包含教师专业知识的不断学习与充实，也包含教师职业态度以及教育教学方法的持续改进，其核心体现为教师内在专业结构的改进与教学水平的提高。

（2）教学质量监控。教学质量问题一直是各高校关注的焦点，在我国高等教育大众化的形势下，教学质量监控问题也越来越受到高校的密切关注，不仅是研究的热点也是亟待加强的重要工作。教学质量监控指的是计划、评价、监督、反馈以及调节的全面持续运行过程，高校通过依据上级教育部门的相关规定要求，制定相应的教学标准与规范，评价、监督教育教学过程的各个环节，包括对学生学的监控、对教师教的监控以及对教学管理过程的监控等全方位监控。其可以概括为以提高教育教学质量为目标，促进高校的教育教学工作按预期的计划进行并最终实现培养目标的活动过程。

## 二、相关性厘定

教师专业化与教学质量监控在内涵上具有差异性，但二者也存在密切的相关性。

二者的关联性。从各自内涵看,虽然教师专业化与教学质量监控因针对具体问题的角度不同而呈现出差异性,但二者也存在密切的相关性。首先,二者目标的一致性,教师专业化与教学质量监控的最终目标都是提高教育教学质量。其次,二者内涵的相互包含,对教师教育教学的评价是教学质量监控的重要内容,教师通过专业化发展也是实现监控标准,提高教育教学质量的有效保障。最后,二者运行过程中的相互扶持,教学质量监控对教师教育教学行为制定了标准与规范,该标准与规范是教师专业化发展的要求,同时也对教师的专业化发展起到引领作用。因此,教师专业化发展能够促进教学质量监控目标的实现,教学质量监控的实施也推动了教师专业化发展进程,二者相辅相成。

二者的不适应性。教师专业化与教学质量监控的最终目标都是提高教育教学质量,具有目标一致性,然而,在教育教学过程中二者却体现出不适应性。一方面,教师专业化发展是动态过程,具有自身的规律,在教师发展成长的不同阶段,会体现出专业水准、专业理想等各方面的差异性。而教学质量监控却只能以制定出的较为优秀的教师的教学行为及效果作为评价标准。另一方面,由于高等教育本身的特点,学科知识的复杂性,高校教师的专业知识、能力和素养会存在差异,高校教师在教育教学理念、方法以及专业追求等方面会体现出一定的独特性。可见,教学质量监控在促进教师专业化发展过程中存在诸多不适应的环节。

## 三、原则分析

鉴于以上分析,在教学质量监控过程中应贯穿以考核标准为纲与以人为本相融合的理念,既要考虑质量监控标准与规范的制度约束作用,也要考虑教师专业化发展的动态性过程,在发挥教学质量监控规范作用的同时引导与促进教师专业化发展。

(1)上下贯通。上下贯通原则主要是指以上级要求为依据与以教师意见为参考相结合。教育过程的复杂化致使教师专业化不再是单一的过程,教学质量监控不仅要尊重上级部门,比如,国家、地方的教育发展政策与规划部门,制定高校的教育教学质量监控标准,同时也要关注教师的感受和需求,在教学质量监控标准制定与实施监控过程中加强与教师的沟通,将教师在教育教学过程中的总结体会以及对教学质量改进的意见建议作为提高教学质量监控与管理活动的重要参考,从教学管理层面发挥教师对提高教学质量的重要作用。

(2)动静结合。动静结合原则主要是指进行相对稳定的常态化的量化考核与进行动态评价相结合。作为教学管理活动的教学质量监控工作,必须有监控的标准作为依据,考核标准的科学化、量化有助于考核的实施,并且考核标准要具有一定的稳定性,质量监控的实施也要形成常态化。然而,鉴于教师专业化的动态性与阶段性特点,其影响教学质量的重要因素不是仅仅依据程序化、量化的考核方式就能够测量与控制的。因此,在监控实施过程中应针对教师专业化的不同发展阶段,体现出评价的动态性特征以及教师的进步性特点。

(3)宽严相济。宽严相济原则主要是指严格按照教学质量监控标准、程序实施与进行弹性管理相结合。一方面,要严格按照相关政策文件要求以及高校办学实际,制定科学合理的质量监控标准规范,并实施严格的质量监控以保障日常教学的正常运行。另一方面,在对监控目标实施严格考核的基础上体现管理的弹性化。比如,对于教师按时上下课,按程序调停课,课程开课学时数以及开课学期等的监控要严格按照要求落实;而由于教师因处在不同发展阶段所体现出来的专业知识、专业态度等的差异性要区别对待。因此,在教学质量监控过程中应针对教师所处的发展阶段及整体工作状态,对高校教师实施弹性管理,在质量监控过程中考虑到不同教师所处的发展阶段,对其教育教学行为进行差异化的考核评价。

教师专业化是提高教育教学质量的基石,是一个不断趋于完善的发展过程,在教学质量监控的实践中应秉承制度规范与人文关怀相结合的理念,消除教学质量监控对教师专业化发展的不利因素,加强教学质量监控对教师专业化发展的促进与引导作用,这也是广大教育工作者需要在实践中不懈努力与奋斗的目标。

# 第五节　高校创业教育课堂教学体系的构建原则

　　开展课堂创业教育是为了培养学生创业意识、提高学生创业能力、缓解学生就业压力。创业教育的目标是培养人的创业思维、创业意识和创业技能等各种创业综合素质，课堂教学是高校开展创业教育的主要形式。笔者通过分析我国创业教育课堂教学的背景和意义，提出改进我国高校创业教育课堂教学体系的基本策略框架，为高校更好地实现创业教育目标提供了参考。

## 一、创业教育课堂教学体系的现实背景

　　大学生毕业后首先想到的是去何处工作或者继续深造，很少有学生会考虑自己是否可以创业，但是很多没有上过大学或者上学很少的人开始寻找创业的发展方式，以更好地实现自己的人生目标，高校创业教育的缺失是出现这种现象的原因之一。我国高校的学生工作多数以就业为主，开展创业教育课程的高校相对较少，因此很少有学生拥有创业意识，即使部分学生具有创业意识，也常会被一些现实情况抹杀。这种现象既影响了学生的就业质量，对社会的经济发展也产生了一定的负面影响。

　　高校培养人才的目标是适应经济社会发展的需要，为社会提供各方面人才。高校不仅要培养学生的素质、增加学生的知识，还要培养综合型人才，加强学生的创业实践能力，这是高校提高人才质量和自身发展实力的内在要求，开展创业教育是经济社会发展的必然趋势。创业教育的目标是培养学生创业的基本素质，目前我国很多高校都陆续将创业教育纳入学生的学习范围，创业教育的效果直接取决于创业教育体系是否合理构建和实施，构建符合创业教育规律的课堂教学体系对完善创业教育体系和实现创业教育目标具有重要意义。

## 二、创业教育课堂教学体系的构建原则

　　建设合理的创业教育课程体系是创业教育的发展重心之一，构建课堂创

业实践主要是树立学生的创业意识，培养学生的创业能力，挖掘学生的创业思维，激发学生的创业兴趣。创业教育课堂教学体系可以总结为"四个结合"的构建原则。

（一）创业课程和专业课程相结合的原则

创业教育要与专业教育相结合，体现在课堂教学上就是创业课程与专业课程的结合。专业课程是指根据各学科培养目标和要求所开设的专业理论知识和技能的课程；创业课程是指为培养学生创业意识和创业能力而开设的课程，如"创业导论""创业管理""商业计划"等。创业课程和专业课程的结合分为两个层次：第一个层次是两类课程在基础性和普及性上的结合和搭配，使学生既具有专业能力，又具备创业能力。第二个层次是两类课程在课程内容上的深度融合，将学科特点融入创业教育中，基于学科开发出具有专业特色的创业课程，如"旅游创业""营销创业""科技创业"等，将创业教育立足于专业技能之上，将专业知识渗透到创业教育之中。在第一层次和第二层次的结合上可以将创业基础课程设置为必修课程，将创业专业课程设置为选修课程，做到因材施教。

（二）理论课程和实践课程相结合的原则

创业教育理论课程是指创业基础知识课程，通常有规范完整的教学大纲和教学计划，是创业教育的基本功；实践课程是指对创业知识和创业技能进行综合运用的课程，紧密地围绕着创业实际展开。系统的理论课程和灵活的实践课程的合理配置，使学生深度理解和掌握创业基础知识，将实践课程体验内化为自身能力，形成创业教育的一个完整体系，既传授了创业知识和原理又培养了创业能力。为使二者相互结合，要有创新的教学方法与之适应，在课堂教学中要以案例研究、创业者现身传教、创业模拟实训、现场体验和测试等为实践课程的依托；以问题为导向，通过教学互动、角色扮演等方式充分促使学生思考，调动学生积极性，要特别强调案例研究，以精选的案例增强教学的鲜活性。

## （三）第一课堂和第二课堂相结合的原则

创业教育的开放性、参与性特别突出，第一课堂和第二课堂是创业教育并行的两个重要环节。通过第一课堂的学习和训练，学生掌握系统的创业知识；通过第二课堂的创业活动，训练学生专业的创业技能。如举办"挑战杯""创业大赛""创业俱乐部""创业孵化""创业者巡讲访问"等活动，并整合教学、科研、学工、创业园、校友会等学校和社会资源，为学生提供富有实效、丰富多彩的第二课堂。

## （四）创业知识和创业意识相结合的原则

创业教育的主要任务是传授创业的基本知识、方法和技能，更重要的是培养学生的企业家精神和素质，除了创业能力，更基础性的工作是使学生拥有创业的心理特质和创新意识，使学生能够以企业家的视角来思考和看待问题，具备商业思维。例如，英国根据功能作用将创业教育分为"创业意识""创业通识""创业职业"三种类型。创业意识的培养是向学生传递社会价值观念，塑造学生的商业观。校园文化具有培育学生创新观念和创业意识的重要功能，学校应通过政策制定和文化活动营造一种鼓励创新的宽松、自由的人文环境，允许失败、重视过程，形成崇尚创业的良好文化，并将其渗透到学生的创业意识中。

# 三、创业教育课堂教学体系的实施策略

高校应积极面对学生创业能力培养的各种障碍，寻找一条符合自身情况和特点的道路，改进自己的办学定位和培养目标，重视创业教育的师资队伍、开设创业教育课程、改进课堂教学方法，为有意创业的学生提供一个良好的平台，构建和完善课堂创业教育实践教育体系。

## （一）在课堂上树立正确的创业理念

创业首先要有理念上的创新，以理念上的创新为基础将其应用到实践活动中。具体到课堂创业教育体系中要做到以下几点：第一是以学生为本，尊重学生的人格，把学生作为教育目的的根本出发点，促进学生在德、育、体、美等方面实现全面发展。第二是面向全体,把创业教育融入培养人才的体系中,贯穿培养人才的整个过程,面向全体学生,广泛、系统地开展。第三是重视引导,使学生正确了解创业与国家社会经济发展的关系,以及创业与职业的关系,提高学生的创业能力和创新精神。第四是理论与实践相结合,在培养学生成长的过程中,不仅要注重在课堂上学习理论知识,而且还要注重实践教学,完善和丰富实践教学,改革实践教学方法,将理论知识与实践能力紧密结合,全面提高学生各方面的能力。第五是因材施教,在教学过程中保护学生的个性,发挥学生的长处,激发学生的学习兴趣,充分尊重学生的需要和发展。同时也要结合学校的办学特点进行合理定位,根据学生的不同专业,开展不同模式的创业教育教学。

### (二)完善创业教育的课堂教学方法

在教学过程中应根据学生的创业需求,明确学生的学习内容,要求学生学会独立思考问题,学会用批判性的思维解决问题,学会从不同的视角看待问题,这种教育模式对社会发展具有积极的促进作用。创业实践能力的培养要求在教学过程中尽量使角色互换,增加课堂中的互动性,以研讨式、互动式和模拟式等方式组织教学课程,从传统教育观念转变为现代教育观念,从以传授知识为中心转变为以培养学生的创业实践能力为重点。

### (三)完善创业教育的课程体系和教学内容

从中国的教育体制来看,学生的创业意识主要是通过课程中所学习的内容来实现的,要想提高学生的创业能力,必须优化和完善课程体系和教学内容。在课程体系上可以尝试减少必修课的学分,增加选修课的学分;减少理论课的课时,增加实践课的课时,特别是边缘学科、交叉学科可多开设一些实践研究型课程;在教学内容上,改变传统的"死板式"教学模式,除了学习课本中的知识,增加一些能够培养实践能力的知识,提高学生创业实践能力的发展。在开展课堂创业教育学习理论知识的同时,还要全面推动课堂创业实践活动的开展。完善专业教育与创业教育相结合的教学体系,培养学生勇于创新，善于发现创业机会，敢于创业的能力。

## 第六节　高校音乐教学多媒体技术的使用原则

随着高校教学走进数字化时代后，多媒体系统已经成为现代化教学手段的典范。尤其是其直观性强和交互性良好的特征完全符合高校音乐教学的需求。笔者经过实践教学发现，高校音乐教学可以运用多媒体系统实现师生交互式，这是对原有传统教学模式的更新，同时也进一步丰富了教学内容，促使课堂教学的信息量有了较大的提升，有利于拓宽学生的音乐视野，让他们的音乐思维得以深入发展，更重要的是活跃了课堂，激发学生的主观能动性，实现了教学与学习的有效性。

高校音乐教学利用多媒体技术让单一、抽象的音乐变得多维而具体，在技术的支撑下，音乐教学实现了动态化，已经成为音乐教学过程中重要的辅助手段。但是，在实际运用中，一些教师过分依赖于多媒体技术，出现误用滥用的现象，因此，在音乐教学过程中，关于多媒体的使用必须遵循其使用原则，教师需要经过培训，保证充分掌握多媒体技术的应用方式与方法，从而实现课堂教学的有效性。

### 一、高校音乐教学中多媒体技术的使用原则

辅助原则。多媒体技术在音乐教学过程中，其目的是辅助教学，完成教学要求，实现教学目标。因此，课堂教学过程中，需要准确定位教师、学生和多媒体之间的关系，遵循"教师的主导地位、学生的主体地位和多媒体技术的辅助地位"的原则。课堂教学的实质是师生互动的过程，音乐教学是一种传递情感的艺术，因此教学中更关注师生之间的情感互动与沟通。所以教师充满激情的演示和充满鼓励的眼神沟通是多媒体技术无法复制和替代的。因此，教学过程中，所有的教学活动都是通过教师积极指导、学生主动探索完成的，而多媒体技术则提高了课堂教学互动性的附加值，实现了音乐教学

质量的显著提升。

视听协调一致的原则。教师在准备音乐教学课件过程中，其图片、动画的选择要与音乐紧密相关，保证视听协调一致，这样才能够有效激发学生的能动性，让学生能够充分融入课堂的教学中，从而实现教学目标，有效激发学生的创造性。每一门学科都应该鼓励学生不断提高自己的学科素质和见解，音乐教学也不例外。其教学目的也包括激发和保护学生在音乐试听过程中的独立见解和学科态度。艺术是个性化的，学生的感受和个性应该得到保护和鼓励，才能让艺术发扬光大。不同学生之间的艺术层次和能力都存在一定的差异，因此要保证每一名学生都能够积极融入多媒体教学之中，利用其协调统一的声画结合的多媒体课件让学生对音乐作品有更深层次的理解。但是音乐多媒体课件具有一定的局限性，无法完全表述音乐的所有内容，也不应该如此，否则将不利于学生在情感上对艺术和音乐进行想象。

适度原则。多媒体技术教学与传统教学技术相比，其优点体现在多种视听手段和方式的应用，让课堂教学更加多元化、多维化、多途径化。然而，多媒体作为音乐教学中的一种教学手段，在实际应用的过程中要把握好适度原则。所谓适度，就是教师在使用多媒体的时候，要根据自身音乐教学的实际需要，选择符合课程本身的教学内容，并使之操作简单。只有这样，教师才能在教学过程中利用各种教学资源，提供符合教学条件的多媒体资料，使学生能够掌握教学重点和难点，甚至学生可以在没有教师指导的情况下自学，有利于提高学生的自主学习能力。

## 二、多媒体技术在高校音乐教学中应用的对策

搞好教学方法与现代化教学手段整合。现代教学手段的一个重要变革就是多媒体技术在教学中的广泛应用，在使用多媒体教学的过程中，要有与之相适应的现代教学理念，否则就会影响教学效果。更不能不考虑学生的学习状况，一味地由老师进行灌输。一味地进行灌输，会使学生感到乏味和产生疲劳感，进而失去学习兴趣。在这种情况下，教师应该树立现代教学观念，将多媒体教学方法与现代教学手段结合，在实际中不断提升教学能力。在高

校音乐教学的过程中，教师与学生之间的交流非常重要，然而当在教学中引入多媒体后，大大丰富了课堂教学内容，但也存在灌输式教学的风险。一旦教师在教学过程中采用灌输式教学，师生之间的交流势必下降，当教师只顾自己讲课，不顾及学生的反映，课堂教学质量也会随之下降，这样不但没有实现多媒体教学的目的，反而使其成为教学中的制约因素。因此，教师在教学过程中应该适时地提出一些问题，并让学生去思考并回答问题，另外可以适当增加小组讨论，将学生分成若干小组，共同讨论一个问题，然后选择一个代表向大家演示，这样既可以提高学生的课堂参与度，还可以提高学生学习的积极性，这才是多媒体教学的真正目的。在采用多媒体教学过程中，应该利用多种教学途径，培养学生创造性思维，这就需要教师在教学过程中不断启发学生，培养学生的创新能力，使学生不拘泥于书本。如果教师不能观察学生的课堂反映，就不可能对学生课堂反映做出相应反馈，并根据反馈调整教学内容，最终会使教学效果大打折扣，最终使学生丧失了学习的积极性和主动性。简单来说，就是要求教师时刻观察学生的接受状况，根据学生特点选取课堂教学内容，并及时调整，提高课堂教学效率，使大学音乐课程丰富多彩地展现在学生面前。

构造多样化的音乐教学模式。教学模式是指在一定的教学思想指导下，围绕着教学活动中的某一主题，形成相对稳定的系统和教学模型。在现代多媒体教学手段的支持下，教师应该研究如何构建教师、学生、多媒体三位一体的教学模式，并在此基础上构建现代音乐教学模式。教师应该根据教学内容和教学目的的不同，使用不同的教学模式。针对基础知识和理论知识的一致性，教师可以采取合作式教学，其目的是通过激活已有知识，促使学生能够识别新旧知识之间的关联性，促进学生探究性学习、自主学习和学生彼此之间的有效合作性学习。教师可以利用多媒体技术，针对学生自身的能力水平，通过教师与学生之间的有效沟通与互动，逐渐提高学生的音乐技能，并且有助于不同能力水平的学生之间相互促进。此外，教师可以让学生充分利用多媒体技术，展现自己的才艺，让他们能够拥有更多的创新表演的机会，提高自己的创造力。教学的过程中，教师应该利用多样化的教学模式和教学手段，实现每一个教学环节的目的和要求，为学生提供更多的音乐体验机会，提高学生的音乐水平。

科学选择教学手段。教学手段的选择必须依据科学的教学理念。尽管多媒体技术具备很多优点，但是从教学的整体要求和学生的学习目标角度而言，一种教学手段是无法满足所有学生的学习需求的，也无法有效实现教学要求。教育界的实践表明，所谓最好的教学手段必须是针对具体的教学内容和目标而言的。尽管在多媒体盛行的时代，大力提倡课堂多媒体、数字化等理念的引进，但是这并不意味着对其他教学手段和方法的否认，而是要针对具体的学习情境和需求，以及学生自身的特点，选择合适的教学手段，或者是多元化的教学手段，通过这些教学手段的合力来实现教学目标，达到预期的教学效果。

多媒体课堂教学过程中，学生是主体，教师要将学生的差异化特点充分考虑到课堂教学活动的安排和设计之中，尤其是学生的接受能力，教师应该充分了解，从而实现传统教学手段与多媒体教学方式两者之间的相辅相成，互相促进。例如，对于课堂音乐作品的赏析，教师可以将作品用多媒体技术进行剖析，但是里面涉及的一些类似作品，教师可以通过激发学生的发散思维，进行头脑风暴，利用板书写出一系列相关的作品，从而进行教学内容的补充，满足教学需求。不同的教学内容对教学设计提出的要求也是有区别的，例如，一些操作性和实践性较强的教学内容，则应该选择图片或视频进行补充教学，这种情况下多媒体技术和网络多媒体则能够充分发挥其功效。此外，还有一些文字内容丰富的课堂教学或逻辑思想较强的教学内容却无法使用多媒体技术，这些并不奏效，甚至适得其反。因此，不同的教学内容要选择不同的教学手段来实现教学目标，完成教学任务。

精心设计教学过程，提高多媒体课件质量。教学过程的有效设计是达到良好教学效果的最佳方法。教师在设计过程中，必须首先定位学生与教师的角色，基于对学生学习特征的合理分析与教学内容的充分研究，结合不同的音乐专业教学知识，设定个性化的课堂教学目标，提供多样化、合理的课堂教学情境，选择与之相符合的教学策略，进而设计合理的教学活动，安排教学内容，并且运用恰当的教学手段实现教学效果。与此同时，教师在设计的过程中要充分关注学生的学习动机与兴趣，能够有效调动学生的视听系统，让学生真正沉浸在音乐体验的氛围中，接受音乐作品的感染力与表达力，让学生的学习过程更便捷、更高效。

教师在进行教学课件的制作过程中，分为三个阶段。第一，制作前的思考阶段。该阶段的教师必须将教学目标研究透彻，从而为教学内容的选择提供必要的支持。第二，制作过程中的选择，包括教学内容的选择、教学材料的选择、教学重难点的选择。第三，制作后的试运行阶段。教师制作课件后必须进行演示，才能够把握课堂教学节奏，诊断教学内容是否满足需求，是否符合学生的认知规律。只有这样，教学课件的设计才能够具有创造性，并能够满足教学要求。多媒体课件的制作还要充分考虑界面的友好性，即应该处理好画面与教学内容中的重难点之间的关联问题，需要遵循美观、得体、色彩丰富等原则。

全面推进音乐现代化教育进程，创建现代化教育环境。高校音乐教育已经进入了现代化的教育进程，为了进一步符合时代的教育需求，满足当代的教育理念，其教育发展必须遵循合理性、先进性、科学性三大原则。在这个加速发展的进程中，多媒体技术的理论与实践是其核心的理念，所以，大力发展学校的音乐教学软件与硬件建设是迫一项非常紧迫的任务。多媒体是教学采用的有效工具，能够促进教师教学水平的提高和学生学习能力的提高。但是，教学不应该被多媒体技术左右，应该更加自主化、灵活化，这样才能够符合时代发展的需求。

在科技不断创新的今天，多媒体技术自身也在迅速地发展和升级，其广泛的应用将促进我国高等教育的课堂教学质量提升，尤其是会给我国传统高校音乐教学观念、教学内容、教学模式、教学方法和教学理念带来巨大的影响，同时也为音乐学习者提供一个更有效的学习与互动沟通的课堂氛围和环境，有利于激发学习者的学习热情，为其有效学习开辟了一条合理的途径。多媒体技术的优势为我国高等学校音乐教育、教学的深化改革开创了一片崭新的天地。

# 第三章　高校教育教学创新研究

## 第一节　以人为本推进高校教育教学管理创新

创新教育教学管理模式是推动教育事业更好发展的保障。以人为本的管理理念顺应了当代社会发展的趋势，将其运用到高校教育教学管理中，对教育教学管理的创新与发展具有重要的意义。为此，作者以"以人为本推进高校教育教学管理创新"为课题，从开展以人为本推进高校教育教学管理创新的原因入手，对高校实现以人为本推进高校教育教学管理创新策略进行了深入的探究。

### 一、开展以人为本推进高校教育教学管理创新的原因

众所周知，高校教育教学管理是高校工作的重要组成部分，对于促进高校发展以及在给学生创造一个更和谐、更有序的生活和学习环境中扮演着极其重要的角色。而要想有效推进高校教育教学管理创新，首先应该保证坚定不移地以科学发展观为理论指导，并且始终坚持以人为本的教育理念，这样才能真正达到教育的要求。

以人为本是高校教育教学管理的根本诉求。要想坚定不移地落实科学发展观，就必须意识到为人服务、对人有利才是发展的根本目的和基本要求，还要保证所取得的发展成果能被人享有并且惠及全人类。高校是有计划、有组织并且能够开展系统性教育工作的机构，其目的就是为社会的发展提供适宜的人才，以教育促进社会发展，也让社会的发展为教育提供教学指南。与

社会上的企业相比，高校教育是一种为教书育人而设立的机构，其不以盈利为目的，却对学生有一定的要求，要求他们遵守相关的规章制度。而高校的教育者需要掌握扎实的理论知识、教学技能和专业技能等，还必须具备高尚的职业道德操守，需要尽可能地拉近与学生之间的距离，实现与学生心灵上的交流和沟通。在高校领导、教职员工和学生这三个层级构成的群体中，人不仅是高校开展教育活动的主体，同样也是客体，人的双重身份使得教育管理更应该坚持以人为本。高等学校是对所有渴望获得知识的人开展高等教育的机构，是培养各个行业人才的重要场所。设立高校的根本目的就是培养具有创新能力的高级别人才。为了使高校教育达到这一标准，必须保证师资力量，这样才能保证所培养出的学生符合高级别人才的需要。"教授"与"学习"都是一个很花费时间和精力的劳动方式，既需要相对自由的学术氛围，又需要教学环境具有一定的宽容度，从而满足人文主义的管理要求。

　　以人为本才能满足高校教育教学管理的实际需求。多年来，我国很多高校都致力于实现以人为本管理理念的要求，不断积极探索现代化教育教学管理模式和机制，并且从目前的情况来看已经取得了初步成效。然而，总的来讲，目前以人为本开展的教育教学管理工作并未从本质上使问题得到解决，人性关怀缺失现象还较为突出。而出现这种现象的原因主要有三点：一是，教育教学管理目标不够完整。实际上，很多高校管理者经常讨论的话题不外乎教学评估、申请硕士、博士点以及争创名牌等，教学管理的重点大多放在了设备更新、维护，多媒体教室建设和食堂、操场建设等问题上，对"人"的问题关注得非常少。以人为本的重点在于对人的尊重，学会换位思考，理解他人。二是，教育教学管理体制和机制行政化。高校是一个以教育为目的的场所，不是政府机关，在开展教育教学管理工作时要认清这个问题，不能使教育教学管理体制和机制朝着行政化方向发展。受到计划经济体制的影响，我国高校教育教学管理相当一段时间里遵循自上而下的直线式管理，强调的是上级领导下级，进行统一指挥，要求绝对服从，甚至存在以行政性管理替代学术管理或者弱化学术管理的趋势。这种教育教学管理现状使得教育教学管理不仅不能充分体现出各层级教学组织的价值和意义，而且也很难调动教师工作的积极性和学生学习的热情。三是，教育教学管理制度僵化。很多高校在开展教学的过程中逐渐形成了一整套教育教学管理规章制度，在改善教育教学管理工作方面发挥了一定的作用。然而，由于受到这些条条框框制度的影响，教师在真正想对教学工作进行改革创新时会受到很多限制，不利于教育的实现。不仅如此，在这种约束下，教育教学活动展现不出活力，从而使整个教育教学管理工作的效果受到影响。

## 二、实现以人为本推进高校教育教学管理创新策略

要想真正地实现以人为本推进高校教育教学管理创新的目标，就必须清楚地认识到以人为本教育教学管理理念的重要性，逐步强化以人为本的管理理念，探寻更为人性化的管理模式，并且及时构建服务型的管理队伍，从而为教师和学生提供更高质量的管理服务，满足他们的实际需求，促进高校的健康发展。

探寻更为人性化的管理模式。所要探寻的更为人性化的管理模式，首先应该满足一定的要求：一是弱化行政功能，强化学术功能。高校是开展教育的场所而不是办公的场所，所以应该有意识地淡化官本位思想和行政权力，坚持专业化的治校理念，始终维护教授在教学管理中的核心地位和核心作用，赋予他们在高校教育教学管理中的权利和相关权益，避免"外行人指挥内行人工作"情况的发生。二是由独断专行向民主型转化。高校在开展教育教学管理的过程中要体现出民主性，不能独断专行，要保证教师能够享有基本的教学自由来开展教学改革创新工作，从而改变当前教育现状，为学生提供更优质的教学环境。三是能够由被动接受型转向激励型。管理分为被动接受型和激励型。激励属于更高级级别的管理方式，其管理效果更好，同时对管理者的管理能力要求也更高。这就要求高校能够尊重师生，不断完善教育教学管理规章制度，努力在原有的被动接受型管理方式上融入激励型管理因素，逐步实现由被动接受型管理向激励型管理的过渡。

构建服务型的管理队伍。即使传统教育教学管理在不断的发展过程中表现出了一定的优势，但是面对现代信息化管理还是存在一些过于烦琐、呆板

的问题。身处信息化时代，高校教育教学管理应该以现代化教学管理理论为导向，对传统教学管理体制和机制进行改革创新，向实现教学管理现代化不断靠近。管理并不意味着压迫和绝对服从，其更倾向于一种服务性质，是以为教师和学生服务为目的的。这就要求管理队伍能够秉持以人为本的服务理念，在处理问题时做到热情、耐心和细致。当然，为了提高服务的质量，还应该不断地提高管理人员的专业素养，提高他们的综合素质和业务能力，增强他们的职业道德感。与此同时，还应该构建并完善教学管理人员的目标管理责任制，激励并引导教育教学管理人员严格要求自己，以身作则，在对师生进行管理的同时不断深化教育教学管理的功能。

以人为本作为当代社会的一种新的管理理念，顺应了时代的发展，将以人为本的管理理念运用到高校教育教学的管理中，有利于高校教育教学管理的创新与发展。由此可知，"以人为本推进高校教育教学管理创新"这一课题具有重要的研究意义。

## 第二节　教育机智在高校艺术设计教学中的应用与创新

本节旨在探讨在新时代背景下，教育机智在艺术设计教学中所面临的机遇和挑战，同时根据教学中的实践反馈，从"宏观环境"与"微观环境"两个方面分别进行具体阐述，并总结出几点教育心得。我们不仅要学习教育前辈们在教育机制课题研究中所取得的成果，同时也要在高校艺术设计教学中，不断地应用和创新教育机制的课题，并立足于教育机制成熟的两个基本点：首先是保持初心，其次是终身学习。只有这样，才能使教育机智在教育教学中发挥出最大的能效。

教育机智是指教师在教育教学过程中表现出的一种随机应变的能力，是教师良好综合素质和能力的外在表现，是指教师对学生活动的敏感性，能根据学生的突发情况，迅速而正确地做出判断并及时采取恰当而有效的教育措施解决问题，由此表现出的一种迅速、准确的判断能力。范梅南认为教育机智是教师用来克服理论与实践相分离问题的概念,而不是促使理论转化成实践的工具。教育学教学不是教条的说教,也不是道德的劝诫,而是在教育实践活动中将学生引向"好"的方面。笔者认为,教育机智首先要求教师保持教育初心,人们常说:"教师是太阳底下最崇高的职业。"因此,保持教育初心尤为重要,它意味着责任和担当,遇到问题,不怕问题,主动去解决问题。由此出发,为教育教学事业贡献光和热,才能积极为教育教学事业做好充足的准备,并坚持终身学习。

## 一、宏观环境中的准备工作

新时代背景下,对于教育教学的准备阶段,笔者认为主要有三个阶段:收集与共享资源,筛选与学习资源,引入与利用资源。具体体现在通过各种渠道最大限度地收集相关资源,建立属于自己的数据库,这是对专业人士自身的学术科研和教育教学的双重要求。然后学会共享资源,把资源通过各种平台再次分享给同行们,促进沟通与交流。再针对教育教学方面,系统地筛选符合教学大纲的资源,进一步深入学习和研究,为教育教学做足准备。最后是将资源引入课堂的阶段,并利用相关资源、辅助课件,达到多维度的教育目的。

## 二、微观环境中的实践工作

导入话题,打破壁垒。由于三观的不断建立与完善,大学生具有青春期末期的叛逆思想和成年期的单纯的自信及逆反心理。所以在教与学之间,要及时打破壁垒。第一手段就是教学导入。事实上教学导入并不是陌生的话题,传统的导入方法多达20种。最常用的就是直接和直观导入,第一时间明确教学的重点和目标。然而笔者认为,教师根据自身的状态准备开始的时候,学生未必准备好了。例行公事的导入,只会让学生产生"有了任务"的负重感和恐惧感。一节课45分钟,笔者将其分为三个阶段,分别为15分钟。学生注意力的高潮期往往集中在开始和结束的时候,中间会进入一个低潮期。所以把握开始和结束这两段时间尤为必要。开始的15分钟用来导入话题和重难点讲解，笔者的方式是以聊天的形式随意提出几个近两天发生的新闻，尤其是学生比较关注的新闻范畴，以此开始调动学生的注意力和积极性。进而见缝插针地真正导入一个知识点，提出疑问，开始本节课的教学工作。重点和难点则集中在这15分钟之内进行讲解，在学生注意力进入低潮期的15分钟期间，尽量进行"手机互动和课外案例拓展"（笔者将在后文有详细介绍），最后在剩下的15分钟内总结和回顾本节课的重点与难点。

利用同理心，拉近距离。其实教师与学生之间，并不存在敌对关系，也不存在领导与被领导的关系；但是却存在意识形态的代沟和个人对集体的客观矛盾。因此教师应该站在学生的角度考虑问题，消除学生意识中的所谓"敌对"关系，利用同理心，将学术与生活分开，在学术上严肃认真，在生活上"变回"正常人，不要总端着所谓"为人师表"的架子。以此拉近师生之间的关系，更能取得学生的信任，这是增强学生对教师传授知识权威性和接受度的教育机智。

弱化教育主体与客体的关系。在传统的教育教学环境中，教师作为主体，学生作为客体，是一种主动与被动的关系。教师讲什么，学生听什么，没有任何选择性。网络不发达的年代，教师教授内容的对与错，很难及时得到鉴定和辨别。教师的权威性得到最大程度的保护。然而笔者认为，这并不利于教育教学的良性循环。互联网盛行的今天，学生可以在课堂上随时核查教师所表达的每一句话，甚至读错一个字，都会被无限放大在网络上。这也成为当今教育工作者最大的焦虑之一，笔者认为，应该变劣势为优势，要认识到学无止境的客观事实，不断提升自身专业素质和能力当然是大前提，同时也要变被动为主动，弱化教育主体与客体之间的关系，放低身段，放下所谓的权威，与学生互相学习，共同进步。

教学环境的多元化。艺术设计类教学的环境一直是多元化的，从理论课堂到画室或者绘图室，从校内操场写生到校外写生，从街区考察到调查问卷，从教师示范到学术交流。但是笔者认为，应该开拓更加灵活新鲜的教学环境，例如，利用联网教学，让同一时间同一门课的两个教室的教师与学生互相联网进行视频交流教学，形成一种映射和参照，把有限的空间，提升到一个无限的沟通领域中。一方面教师之间可以互相取长补短,另一方面学生之间也能形成好奇心和约束感。好奇心体现在对方的上课情况与学生外貌上。约束感体现在羞耻心方面,互相可以产生攀比心理,最大限度地改善教学环境的死板和沉闷。

手机的利与弊。手机在大众群体的普遍应用,无疑是新时代的利好消息,然而对手机在学生群体中的应用,社会上普遍存在着很大的争议,尤其是在教育领域,这是很多教育工作者担忧的问题之一。首先,手机比电脑更加方便携带,各种社交软件和新闻媒体平台,最大程度地分散着学生们的注意力。网络内容的新鲜感和爆炸性内容,显然令学生更感兴趣,阻碍了学生对于教学内容的关注度和接受度。上课期间低头看手机而不听课的情况普遍存在,使教师非常无耐。笔者认为,既然是无法避免的普遍事实,不如变劣势为优势,加以利用。将每节课的教学内容,都尽最大可能地设置一些与知识点相对应的网络链接,随时可以调动学生通过手机获取相关内容,形成一种教育教学中新型的互动方式。

教材与课件。在很多高校、院系专业的具体课程,要求课件统一、作业统一,主要是考虑到避免教师之间的恶性竞争、学生之间的心理不平衡等因素。然而,教材是不断更新的,这就导致课件很难及时跟进,里面的图例大多是像素偏低的图片,案例也缺乏时代性,比较老旧,很难引起学生们的记忆点和共鸣性。笔者认为,教材的更新主要是偏重理论的更新,课件的更新在于图例和案例的更新。二者并不矛盾,教材指导课件,课件解释教材,同时更新,与时俱进。在此基础上,教师本身还应准备除课件之外的拓展资料加以辅助,尤其是艺术设计类教学,需要大量的实际案例。

教学形式(板书与幻灯片)。传统的教学以板书为主,通常是教师讲授与板书同时进行,学生的期待感很强,也可以与老师一起同时思考和进行。这是传统板书的优势。随着时代的发展,电脑幻灯片的教学形式,逐渐成为主流教学形式。第一,教学内容的承载量巨大。第二,教学内容的表现形式多元化,各种彩色图片、动态图片以及影像录音,为教育教学提供了更加便利的条件,教学成果显著提高。然而在艺术设计类的教学当中,笔者认为应该将二者相结合来开展教育教学工作,以免造成"照本宣科"的教学环境,避免"放弃"了教材在课堂的主导性,又换汤不换药地"开启"了幻灯片课件在课堂的主导性。传统板书与学生之间的互动优势,并不过时,也绝不可丢弃。

实践课与理论课的矛盾。艺术设计类专业的学生,比起理论课,更加喜欢实践课,这是不争的事实。主要存在两点原因:首先是就业的大环境决定了技术类人才更加热门,受欢迎程度更高。新时代对于劳动力的要求集中在员工的实际操作能力,而非理论研究上。只有部分学术科研部门以理论研究为主,且要求学生的学历为硕博以上。因此对专本科类的毕业生而言,掌握熟练的实践技能,直接影响了就业出路与薪资待遇。其次在教育教学的环境氛围中,实践课更能增加师生之间的互动性,也更能充分调动学生的主观能动性,比起理论课长时间地被动接受系统连续性很强的理论知识而言,实践课的灵活性更强,操作性更强,学生手脑并用的学习方式,使得教学成果更加显著。笔者认为,通识教育在西方教育领域一直有着不可忽视和无法替代的积极作用。那么理论课作为通识教育里面的一个重要组成部分,在教育教学中具有深远的意义和作用。它能潜移默化地影响学生的意识形态,构建学生的思维模式,加强学生的记忆能力,提高学生的思维能力。理论指导实践,实践又反作用于理论,二者缺一不可。

考核形式的危机。考核主要包括考试与作业两种形式。其实艺术设计类学生对于考试的反感程度,并非今时今日才出现的新课题。作为教师本身,在学生时代,也一度质疑对于艺术设计类专业的学生而言,理论考试的意义何在。然而,二者之间的关系是无法互相替代的,理论考试主要考查学生对于系统理论知识点的掌握程度,通过对学生试卷的解答情况,可以分析和判定,哪些知识点学生更容易掌握,哪些则更难掌握。这也是教育机智的一种体现。教学大纲中的重点与难点,并非一成不变,还是要根据学生的实际反馈情况,来进行及时的相应调整。艺术设计类作业的形式多种多样,最受欢迎的无异于考察报告。然而笔者认为,考察报告可以作为考察方式之一,但绝不是唯一。

如果说学历是进入教育行业的敲门砖,那么教学经验就是教育行业的试金石。其中,教育机制在教学实践过程中,不仅可以考察作为一名教育工作者,是否仍然保有进入教育行业的初心、对教育事业的热情，以及对教学工作的责任感。同时也能检验一名教育工作者教学能力的提升情况，以及在教育教学工作中的创新精神。因此，教育机制在艺术设计教学中具有重要与深远的意义和作用。

## 第三节　高校法制教育教学模式创新

当前，高校大学生法制教育依然是一项任重道远的工作，其根本目的是培养高素质人才，是以育人为中心的思想政治教育工作。经过实地调研高校法制教育工作的现状，分析其影响因素，提出改进教学模式、改革教育环境、利用教育资源、创新教育手段等措施，促进当代大学生掌握法治模式和法治思想，实现法制育人的根本目的。

### 一、高校法制教育工作的背景

当前，我国全面依法治国道路正逐步铺开，执法懂法理念渗透于社会发展的方方面面，在不断完善的法治社会背景下，高校法制教育工作面临新的发展机遇，国家大政方针、法治理念越来越受到大学生的普遍关注。实际上，教育部2010年制定的《国家中长期教育改革和发展规划纲要（2010—2020年）》明确提出要提高教育教学发展的质量，促进教学模式的转变，激发学生学习的积极性，实现育人理念的创新。教育部2016年发布的《全国教育系统开展法治宣传教育的第七个五年规划（2016—2020年）》再次指出，高校是培养大学生的主阵地，而青少年的法制教育是国民教育的基础性工作；应科学规划法制教育工作，实现学以致用，切实增强法制教育工作成效。可见，国家一直把育人工作放在高校教育工作的首位，非常重视法制教育与法制宣传工作，希望高校能够在育人的过程中，促进法制教育工作落地生根，全面深化，开花结果。

在此背景下，为进一步弘扬社会主义法治，高校要积极推进法制教育工作的进一步规划与发展，健全全面育人机制，把培养创新型、高素质人才作为高校的首要任务执行，逐步加强大学生的法治理念，提升个人法治素养，落实依法治国理念，推崇依法治校思维，以此为契机推动社会主义法治建设快速发展，构建高校成熟的法制教育环境，切实全面提升大学生的法律知识和法治观念。

## 二、高校法制教育的重要性

高校法制教育是通过高校开展教学活动，实施法治思维理念的引导式教育，大学生通过课堂学习，理解社会主义法治理念，懂得法治国家和新时代全面依法治国理念的重要性，具备法治思维和法治素养，促进法治行为的养成。高校目前的法制教育主要是通过教育资源和手段实施，法制教育的本质就是利用现有的一切教育资源和手段，使学生掌握法治脉络，了解法律在国家体系中的设置，理解国家的立法理念、司法制度、执法行为等法治基础问题，进一步培养他们遵法守法的理念，这也是高校开展法制教育的根本目的所在。

高校依托现有的人文环境，以法治素养的养成为基础，探索大学生法制教育工作中遇到的困难，改革高校法制教育工作方法，借鉴国外法制教育工作模式，完善自身教育工作的不足，对促进高校思想政治教育工作的全面发展，提升全面育人效果具有深远意义。

## 三、高校法制教育存在的问题

### （一）法制教育师资水平有待提高

高校从事法制教育工作的教师虽具备较高的学历，有着丰富的教学经验，但普遍缺乏法律素养，大多数高校的法制教育课程从属于公共课教研室，导致教师法律知识储备不充足。为了解决这个问题，多数教师自学法律知识或利用课余时间学习法学专业的相关课程，由于时间短加之本身没有系统接受过法律教育，理解上难免不够深入，使得在涉及法律相关内容讲解时，教学思路不清晰，教学内容讲述含糊不清。

这种法制教育教学模式造成一些教学内容呈现走马观花的形式，学生对法制体系的理解一头雾水，无法深入学习法制教育的知识点。有的高校师资力量缺乏，一名教师要承担多个教学班级的教学任务，每周的教学工作任务繁重，备课时间少，教学经验不足，教学手段应用不理想，缺乏积极的思考能力，不善于教学模式的改革，最终导致课堂教学效果不佳。有的高校甚至不重视集中备课环节，对于课前教学计划和相关准备要求甚少，不重视专业课教师的对外交流和培训，使得教学方式和教学技巧无法改进。

### （二）法制教育教学形式单一

目前，法制教育的课堂教学设计以讲授教材中的知识点为主，重点分析法治的逻辑关系，启发学生理解学习内容。高校教学活动仍以教师为实施主体，主导课堂活动，教学分为课前准备、课堂讲解、课中互动、课后温习、期末考试等阶段，学生仍处于被动接受的地位，缺乏自主学习的环境，当课堂互动缺乏时，课堂教学演变成"灌输式"的教学形式，学生完全脱离自主思考模式，教学模式弊端凸显，课堂教学缺乏新意。

2016年，教育部印发的《关于中央部门所属高校深化教育教学改革的指导意见》明确指出，高校要致力于重塑本科教学课程内容和教学体系改革，依托教学硬件条件，建设优质的在线开放课程，开展线上线下混合式教学，不断推进教学方式方法的变革。

## 四、法制教育教学模式创新策略

### （一）完善法制教育网络在线课程

高校法制教育目标是希望通过教育手段引导学生提升自主分析和解决问题的能力，为了实现该目标，高校教师要考虑采用学生喜闻乐见的方式，充分利用手机、电脑等载体开展教育活动。学校建立网络在线课堂，让在线教学融入学生的学习生活中，他们可以利用碎片化时间，通过手机或电脑进行学习，这种方式顺应了学生的需求，是他们喜闻乐见的教学形式，可以实现提升学习效果的目的。

高校要加强法制教育在线开放精品课程的建设，通过MOOC和超星学习通等网络教学平台开发"思想道德修养与法律基础"在线课程。在建设课程时，教师应根据教学目标设计学习任务，使得学生能够理解所学内容。把所要学习的内容拆分为多个知识点，每个知识点录制 10 分钟左右的教学视频，并设置学生参与互动和回答问题的环节。在教学视频中设定启发式的任务点，启发学生参与知识点的提问回答环节，激励学生对视频教学内容进行回顾和总结。

在网络教学平台上建立教学班级，以 4~8 人为一组分成多个学习小组，通过学习视频中的知识内容，以小组学习的方式开展在线讨论和在线交流，教师预先设计问题并制定评价标准，在网络课程中设置学生参与学习以及在线讨论的权重分数，方便检验小组学习的学习效果。同时，在小组学习中要加入实际案例对所学内容进行补充，通过视频、音频和文本形式在线发放给小组进行讨论，教师及时在线解决学生学习过程中的困惑，实现学生在线自主学习，提高学习效果。每次学习后都要鼓励学生参与课程章节中的课后测验，这样的测验能够第一时间检验学生学习的效果，测验以选择题和简答题为主，答题数量在 10 个左右，便于学生通过手机或电脑迅速完成。

## （二）开展法制教育混合式教学模式

首先，在课前教学环节中要进行法制教育教学前的准备。课前利用网络发布通知，要求学生在网络平台中预先学习教师转发的网络教学资源，内容可以涵盖最新的法律案例、时政要闻、国家法治建设大事等，同时告知学生教师要在课堂上对这些内容进行检验，要求学生在课堂上进行分析和讨论，充分发挥学生的自主性。

其次，在课堂教学过程中要充分发挥学生的主体性地位，通过设计课堂互动教学环节，检验学生课前学习的效果，让学生评述案例，然后由教师引导在课堂上进行分组讨论，通过案例形成对法制教育内容的理解。教师作为整个课堂的引导者和协调者，职责是充分调动学生主动分析问题的积极性，引导学生积极参与到教学活动中，从中总结知识点并讲授给学生，促进学生对法制教育教学内容中知识点的熟练掌握，并对积极参与课堂互动的学生给予相应的课堂分数，计入平时成绩。

最后，课后教学环节需利用网络教学平台建立课后测验题库，督促学生课后进入平台，随机抽取预先布置的课后测验，每人的测验题目都不相同，可以设计为填空题、简答题等，学生在线完成测验，形成测评分数，学期末进行综合排名，形成测评总分计入平时成绩。同时，平台也设置讨论和答疑区，学生有任何与课堂教学有关的建议和问题，都可以在线进行讨论、学习和交流，教师通过平台与学生进行即时互动。

总之，法制教育课程的混合式教学有利于激发学生学习的热情，使枯燥的法制教育课堂变得灵活生动，充分调动学生学习的积极性，引导学生认真学习。

## 第四节　Web 2.0时代高校教育教学的创新

在 Web 2.0 时代的背景下，学习已不是传统课堂学习模式，而是建立在互联网技术手段基础上的广阔范围的学习。本节旨在探索如何在开放式的社会化网络条件下对教学平台和教学模式建构，并根据实际操作过程中存在的教学方法的滞后、学习方式的困惑、硬件设施和网络资源建设的薄弱等问题，提出高校要更新观念加强培训，提升信息应用的整体能力；搭建移动学习平台，构建评价和控制体系；加大投资力度，推进校园数字化建设的改进措施。

近几年，随着被称为 Web 2.0 的新一代互联网信息技术的不断发展，以信息化为特征的教学环境的构建和教学资源的建设，深刻改变着传统高校教育教学的思维、观念和方法，以教师、课堂、书本为"三中心"的传统教学模式逐渐被广大教师和学生所摒弃。教师不但要传授学生以知识，还要传授学生以自主学习能力，学生也逐渐由过去单纯的信息接收者和使用者，转变为信息的传递者和创造者。为适应这种高度共享信息化资源的变化趋势，传统的教育教学模式必须改革，而改革的重要途径就是构建新型的信息化教育教学模式。

Web 2.0 环境下，网络的社会化程度非常高，例如，博客、微博、社会书签、资源分享网站、社交网络等应用层出不穷，为学生提供了极为丰富的学习资源和强有力的技术保障。在开放式的社会化网络中，老师与学生可以进行充分的交流沟通，形成参与性、动态性的学习环境，个性化开放式共享型的学习活动不断涌现。

## 一、Web 2.0 时代教学理论依据和现实需求

基于此，笔者认为构建基于 Web 2.0 的新型教育教学模式具有充足的理论依据和迫切的现实需求。

### （一）建构主义教学理念和 Web 2.0 特性不谋而合

进入 Web 2.0 信息时代以后，主张以学生为中心，强调师生交互手段的建构主义学习理论在教育教学技术实践发展中逐渐占据主流位置。建构主义学习理论的中心思想认为学生的知识获取，并不仅仅通过教师的讲授，还应借助外部（包括教师、学生、社会）的支持，在一定的社会文化背景下，积极利用必要的技术手段，通过自身主动的学习构建获得。Web 2.0 技术可以把不同媒体、新旧信息进行整合，学生按照自己的实际情况选择学习内容，提高学生的主动性、自觉性。Web 2.0 技术还有利于学生进行合作化学习。师生都可以把自己的研究成果在信息化平台上进行共享，不受时间空间制约地交流信息，培养学生的合作精神和良好的人际交往能力。

### （二）激发学生学习兴趣，培养学生自主学习能力

在传统的高校课堂中，学生只能被动地接受专业教师的程序化知识传授，无法选择课堂教学内容和接触其他高校优秀教师、企业职业经理人的知识传授。学生通过 Web 2.0 时代的互联网获得更多新的知识，就可以解决这个难题。打破了时间和空间的局限，改变单纯从教师或课本获取知识信息的单一格局，培养学生能动学习和比较好的利用网络知识的本领，从而在更大范围内获取知识，扩宽学生的知识视野，进一步激发学生的学习兴趣，培养学生的参与意识。

### （三）教学资源的共享，教学成本相对较低

知识传授、互动及创造活动需要多方互动，在传统的学习及知识创造场景下，需要知识传递方和接收方共同在场，从而对时间有着严格的要求。计算机网络所具有的信息容量大、信息传播快等优点，是其他教学设备没有办法可比拟的。通过网络的资源共享，实现低成本的知识互动，使得知识供应方一次分享、知识获取方不受时间限制地多次、多人受益，同时对场地、设备等没有额外要求，成本更低。

### （四）跨越师生空间距离，链接行业直通教学

现在很多高校新校区远离市区，远离教师居住区，使得以前教师课后深入教室和寝室当面指导学生的优良传统难以维持，移动数字课堂利用互联网络和数字传播技术可以解决师生难以普遍化持续性当面交流的问题。数字媒体传播在新闻界和企业界的应用最为直接和广泛，通过数字媒体可以建立起连接行业资讯与专业教育的数字媒体课堂，大大缩短专业教育与行业实践的距离，大大加强专业教育与行业实践的联系。

## 二、Web 2.0 时代教学平台设计和教学模式构建

### （一）教学平台设计

教学平台是一个面向学校教务管理人员、教师和学生，为其提供服务的教学管理系统。教学平台建设与设计将会促进教师改革教学内容与教学方法，引发学生学习方式变革，提高高等学校教学质量。笔者把基于 Web 2.0 技术的教学平台分为两大模块：教学共享资源库、互动交流系统。

教学共享资源库是一个以学习资源库和实训项目资源库为基础的共享型专业教学资源库，包括专业标准资源、IT 信息资源及工具、网络课程资源、项目案例及实训资源、多媒体素材及教学视频、专题特色资源、核心能力测试题库，通过数字化校园网络平台的支撑，为师生、合作企业和社会学习者提供资源检索、信息查询、资料下载、教学指导、学习咨询、就业支持、人

员培训等服务。所有教师与学生在网络平台上建立个人空间，实时上传教师教学过程资料，学生学习这些资料，实现教学资料的积累与共享。

互动交流系统是教学平台的主要部分，实现学生作业上传与批阅，师生在线答疑与交流等功能，主要包括在线交互（虚拟社区）、作业管理和在线评测等子系统。该系统为客户提供博客、Wiki、BBS、网上调查等读者交流、互动的个性空间。博客既可以系统表达自己的观点、看法，也可以浏览其他博客作者的文章，获取系统化的显性知识。微博的内容更短，时间成本更低，内容更新鲜、丰富，提供了一个日常"观察""聆听"知名学者、企业家和经理人所做所思、所察所闻，通过"耳濡目染"的方式学习显性知识和大量需要观察、互动、体悟才能获得的专业性隐性知识的机会。维基百科是一个任何人都能参与、有多种语言的百科全书协作计划，通过维基百科获取相关的定义、分类、描述、理论介绍等文献知识。社交网络主要是熟人之间在社交网络平台建立朋友关系，用户发表自己的日常活动、观察和思考，同时也了解朋友的行动、观察和思考。

### （二）教学模式的构建

基于 Web 2.0 的教学模式主要有以下几种类型。

传授型教学模式。为促进学生对课程的理论理解，可以采取传授型教学模式，即把教学计划、课程内容、讲义或课件上传到 Web 2.0 平台，供同学下载学习，同时发布学习要求和作业，采用同步式或异步式的方法，进行课程指导，学生的参与度较高。

问题型教学模式。教师把教学内容设计为具体的责任和任务，要求学生通过完成任务实现对课程内容的学习；教师利用博客提供课程背景资料和评价，要求学生在学习和思索中形成对问题的看法和见解。

协作型教学模式。以学习社区或团队的形式，利用共享的学习资源，教师仅起到引领作用，主要依靠学生的主动性来完成项目，最后教师对团队做出总结性评价。

自主型教学模式。充分发挥学生的自主学习能力，让学生建立自己的博客和微博，加入社区，充当管理员，发起讨论，运用自己所学知识拓展自身的知识领域，完善知识结构，构建自主化的知识体系，把研究成果加入学习社区，丰富教学资源。

## 三、Web 2.0 时代教育教学存在的问题

Web 2.0 的技术进步给高校的教育教学改革提供了完美技术保障，但在实际的操作过程中却并不完美，存在诸多问题，集中归纳为以下几个方面。

### （一）教师教学方法的滞后

教师由于长期采用传统的教学方法，形成了教学思维定式，未能深刻理解 Web 2.0 时代的教育教学特征，只是机械地把课本的内容简单复制到电子课件上，使用多媒体进行讲解传授，没有真正实现与学生的互动，激发学生主动学习热情。或者教师过于关注教学节奏，追求课堂内容的"多、快、新"，导致学生无法消化吸收课堂内容，学生在学习过程中，没有自己独立思考和寻找知识的时间和空间。

### （二）学生学习方式的困惑

新的教学平台的应用也给学生带来不适应，许多学生未能掌握新的学习方法，对待 Web 2.0 的相关教学工具不知道怎么使用，由于缺乏自主学习和与人沟通的能力，无法把线上学习和线下学习进行有机结合，达不到预期的学习效果。网络环境虽然对学生自主学习非常有帮助，但是其网络学习材料并没有科学合理的分类，大多数学生主要还是依靠教师进行课程的指导和分派任务，还不是真正意义上的自主学习。

### （三）硬件设施和网络资源建设的薄弱

部分高校的硬件设施不完善，环境嘈杂，监督机制不完善，校园网覆盖率尤其是无线网络覆盖率和带宽不足，造成学习效果大打折扣。还存在着多媒体的使用频率过高的问题，多媒体变成了 Web 2.0 教学的主角，自主学习

知识反而成了配角；多媒体课堂教学也逐渐形成一种固定的 Web 2.0 教学模式，学生会产生厌烦情绪。部分高校虽然积极开展网络资源的建设和软件开发，但网络资源获取比较困难，受到多媒体课件制作的工艺水平的制约，网络课件普遍质量不高。

### 四、Web 2.0 时代教学改革的对策

基于在运用 Web 2.0 开展教育教学改革过程中出现的问题，笔者结合目前高校的现实情况，提出以下几点改进策略。

#### （一）更新观念，加强培训，提升信息应用的整体能力

面对信息技术的飞速发展，学生的需求呈现出多样化和个性化趋势，这就要求作为传道授业的广大教师必须更新教育理念、优化教学内容、课程体系、教学方法和手段，熟悉掌握各类信息交流工具，充分利用 Web 2.0 平台与学生进行交流沟通。可以采取岗位技能培训、专题讲座的形式，对教师的信息软件应用能力进行培训，提高教师的教学水平。同时，也应加强对学生的信息素质教育，提升学生应用信息工具的能力，促进教学质量整体提高。

#### （二）搭建移动学习平台，构建评价和控制体系

积极采用基于云计算的数字移动学习平台，实现全天候的自由个性化学习与沟通。平台的设计可以根据学校和学生的实际情况进行选择，如利用博客、微博、BBS 等手段，学生畅谈学习的苦与乐、交流学习资源。针对 Web 2.0 制订人才培养方案、教学实施细则、学习评价体系和教学质量控制系统，注重与传统的教学评价控制体系的融合，保证使 Web 2.0 教学与传统教学取长补短，互为补充，形成一个相辅相成的有机系统。

#### （三）加大投资力度，推进校园数字化建设

Web 2.0 教学改革离不开数字化校园建设工作，各级教育主管部门和电信通讯企业加强对校园的信息工程建设的支持。可以采取以点带面，分步实

施的方法，从重点教学区域开始实现数字化网络覆盖，再推进到生活服务区，最终实现校园网络的全覆盖。做好资源整合，利用已有的相关移动通信设备，在移动互联网和智能手机快速发展趋于普及的背景下，可以随时随地登录网络，通过账户的形式，实现从公共网络访问校园网络。根据使用者的主观操作和各级别用户的需要，如教师账户、学生账户、行政管理人员账户，对校园的资源和权限进行分类管理。

## 第五节 基于高校教学改革的教育教学协同创新

当今，高校教学改革仍然是教育领域不可忽视的重要研究课题。在以创新为核心的教育改革发展进程中，应积极探索高校教学发展的新形式，进而在教育教学协同创新视野下，重新定位高校教学管理的目标，促进教育创新与教学改革创新的协调发展。高校教学创新改革发展的有效生成体现在知识观、教学策略的转变以及教育制度和教学体系创新的全过程，不仅要在教育思想、教育理念和教育方法上相互贯通，还应该渗透到课堂教学的各个方面、各个环节之中。

21世纪，随着云计算、大数据、物联网和人工智能等新一代信息技术的飞速发展和深入应用，人类已经步入信息社会和智能社会。知识经济和信息技术不仅在改变着现在的教育，同时也在塑造着未来的教育。新的时代背景不仅对教育改革发展提出了新的要求，对人才培养也提出了更高的目标。中共中央、国务院2015年印发的《关于深化科技体制改革加快实施创新驱动发展战略的若干意见》明确指出"创新驱动实质上是人才驱动，要开展启发式、探究式、研究式教学方法改革试点，尊重个性发展，强化兴趣爱好和创造性思维培养"。高校是人才培养的基地。因此，高校必须紧跟时代发展潮流与趋势，将教育教学协同创新真正作为高等教育改革的突破口和重中之重。

# 一、基于教育教学协同创新背景的高校教学改革发展

教育发展正面临新机遇与新挑战。从根本上讲，高校教学改革建设就是在技术时代发展的道路上谋求"学校教育教学协同创新发展"的过程。教育教学协同创新作为一种新的教育理念，并不是独立于德、智、体、美之外的一种实体性存在，而是渗透在学校教学的方方面面，为学校的创新发展提供契机与动力。

## （一）教育创新是时代发展的内在要求

教育是服务社会需要的基本制度，教育体系的演进本身具有系统性、一致性和可伸缩性的特点，它不仅应该是全面的、可持续的，而且应该是与时俱进、不断发展的。知识经济的时代呼唤创新的教育。"创新"一词来源于英文"innovation"，一般解释为科技上的发明、创造。后来意义发生推广，用于指代在人的主观作用推动下产生所有以前没有的设想、技术、教育、文化、商业或者社会方面的关系。奥地利经济学家约瑟夫·熊彼特首次提出创新理论，他认为："所谓创新，就是建立一种新的函数，也就是把一种从来没有过的关于生产要素和生产条件的组合引入生产系统。"[①]虽然熊彼特的创新理论侧重于经济发展视角，但"创新"一词的提出无疑为今后学者们的进一步研究奠定了基础。现代管理学之父彼得·德鲁克认为创新是对既有资源和财富的重新分配，他在《创新与企业家精神》一书中提道："创新是一个过程，是一项有组织、有系统且富有理性的工作；作为企业家展现其创业精神的工具，创新本身就能创造资源，因为它能赋予资源一种全新的能力并使之成为物质财富的一种创造性活动。"[②]高级院士吉恩·梅尔安（Gene Meieran）认为，创新有三种类型：一是突破性创新，其特征是打破成规，改变传统和大步跃进。二是渐进式创新，指采取下一逻辑步骤，让事物越来越美好。三是再运用式创新，即采用横向思维，以全新的方式应用原有事物。作为人类进步的首要

---

① 约瑟夫·熊彼特.经济发展理论[M].北京：中国华侨出版社，2019.

② 彼得·德鲁克.创新与企业家精神[M].蔡文燕，译.北京：机械工业出版社，2007.

力量，作为社会经济发展的一种全新模式，创新在某种程度上也被赋予了一种战略意义。它不仅构成了一个国家经济发展战略的支点，也蕴含了对创新类型、制度、组织、活动等要素的系统规划。正是因为创新建立在人们高度自觉的精神基础上，创新在国家社会经济发展中的作用才不断加强。

创新时代赋予教育教学协同创新使命。教育教学协同创新在创新型国家建设和高校发展中起到了不可替代的作用。当前，经济与社会高速发展所积累的民生与社会问题凸显，人民日益增长的美好生活的需要同不平衡不充分发展之间的矛盾成为国内社会的主要矛盾。在教育上主要表现为优质教育资源紧缺，城乡、区域教育发展不均衡，升学压力与日俱增等问题。面对教育资源尤其是优质教育资源的供需矛盾，必须跨越制约高校发展的"瓶颈"，积极转变教学思维，革除旧的教学发展模式，寻求高校创新发展的新途径，满足社会对优质创新型人才的要求。高校教育教学改革是在开放与控制、解放与适应中生成和发展的，它所强调的包括教育体制与教育管理模式的创新，教学方法与教学内容的变革以及教育功能与教育目标的重新定位，具有全局性、结构性、发展性的特点，是新的时代背景下高等教育教学发展的价值与追求。本节所说的高校教育教学协同创新，主要是指在创新概念提出的背景下，教育体制与高校教学内部各要素之间基于一定的价值观，在相互影响和相互作用过程中所产生的方法、制度以及实践层面上的变革。

## （二）实现教育教学协同创新与高校教学改革的协调发展

首先，21世纪是一个创新的时代，经济社会的创新发展对教育提出了新的要求，教育从经济发展的边缘位置开始走向中心，教育教学协同创新由此构成了创新结构范畴中最核心的内容之一。自古以来，高等教育就负有培养高素质人才，提高全民族综合创新能力的使命。在当前这样一个紧迫的发展背景下，高等教育改革必须实现教学体制创新，及时剔除不合时宜的、呆板僵化的教育制度，摒弃"以课堂知识为本"的传统教学思想，破除重知识、轻实践，重分数、轻素质的传统教学弊端。如果继续紧守传统的教育模式，就会束缚创新的手脚，教育教学协同创新也难有生存的土壤。从这个意义上来讲，教育教学协同创新以其特有的号召力与影响力推动着高校教学改革的发展，促进高校教学体制不断适应教育教学协同创新的需要。

其次，高校教学改革水平的高低也会影响教育教学协同创新的成效。当今，高校教学改革已发展成为一种结构性变革，这种变革不是在既定系统结构内进行的维持性革新，而是一种"破坏性革新"。这种"破坏性革新"不仅需要信念、价值观和承诺的变革，也需要规则、角色和关系的变革，更重要的是，这种革新还需要关键性组织功能的执行方式的变革。高校教学改革是一项复杂的工程，需要各方面的协同配合。要在创新中快速找到教学改革的切入点，必须立足未来，根据社会对人才素质的要求以及发展新趋势，精确选准制高点。在教学方面，要落实好"学校本位"课程的开发，在探索、调整、改进、优化的过程中形成相对优势，为有特殊才能的学生创造良好的条件，形成具有自身特点的教学体制，而不是机械地强调"人无我有"。作为教学最重要的主体之一，高校教师的创新素养是教育创新的关键。在基础的层面，要求高校教师爱岗敬业、乐于奉献；在知识经济时代塑造创新人格的具体化层面则包括教学方法创新的自觉性、开发和利用教育资源的创造性、科学揭示创新人才成长的规律等。总而言之，教学改革水平成效越高，教育教学协同创新的效果越好；如若教学改革混乱，势必会影响教育教学协同创新的效果。高校教学改革离不开教育教学协同创新这片沃土，高校有必要在充分厘清二者关系的基础上实现教学改革与教育教学创新的协调发展。

## 二、高校教学改革的紧迫性

科学技术与时代的变迁给教育尤其是高校教育带来了巨大的冲击与挑战，人类社会的生产生活方式，乃至思维、行为和学习方式都受到了不同程度的影响。互联网通过其强大的云计算和数据处理功能，可以及时有效地对信息知识进行新的加工、组合和整理，加快了教学内容更新的速度，扩大了知识的含量，为学生提供一个资源丰富、方便快捷的学习环境。基于网络所带来的大量的知识和最新的信息，使得高校开始对传统课堂进行重新考量，越来越多的教师也逐渐倾向于网络信息化教学。应信息化社会发展的要求，更新教育理念、变革教育模式、重构教育体制、培养创新创业人才，已成为高校教学改革必然要求和现实选择。

展望21世纪，是知识、经济、科技相互交织的时代，同时也更加追求人才的高质量与高效益。党的十九大对人才培养提出了新的要求。十九大报告指出：建设教育强国是中华民族伟大复兴的基础工程，必须把教育事业放在优先位置，深化教育改革，加快教育现代化，办好人民满意的教育。教育现代化的本质是人的现代化，核心是教育思想和教育理念的现代化。2017年9月，中共中央办公厅、国务院办公厅联合印发了《关于深化教育体制机制改革的意见》，提出要营造健康的教育生态，大力宣传普及适合的教育才是最好的教育、全面发展、人人皆可成才、终身学习等科学教育理念，系统推进育人方式、办学模式、管理体制、保障机制改革，使各级各类教育更加符合教育规律、更加符合人才成长规律、更能促进人的全面发展。在这种形势下，必须进一步重视对高校教学改革的研究，提升高校的整体教学水平，为社会培养具有持续创新能力的人才。

## 三、高校教学改革发展的视角

### （一）高校教育教学的创新价值

现代教学不仅是师生互动的双向活动，还代表着一种建构性与生成性的文化，并要以一定的主体形态进入教学过程，承担起培养学生的创造与建构意识、能力及文化主体身份的使命。任何一种教学思想与教学模式，都是经济社会发展到特定阶段时的内在产物。实施教育与教学创新的协调发展，是当代高校改革与发展的一个重要课题。

高校教学的核心价值取向理应是从培养创新精神入手，以提高创新能力为核心，促使个体在实践教学活动中自我展示、自我实现、自我创造的不断生成。人的创新精神和能力大致分为两部分：一部分是与生俱来的先天禀赋，可称为人的"初始创新资源"。另一部分是后天习得的，可称为"积累性创造资源"，是形成人的创新能力的主体。值得注意的是，这种原生的、天然状态的创新资源是不稳定的，如果后期得不到合理的开发与训练，极其容易流失，从而造成一种无形的人才资源的浪费。而后天习得的这部分创新资源尽管是社会和实践的产物，也必须进行深度开发，只有经过科学的提炼与升华，才能真正转化为创新素质。面对经济社会对创新型人才的呼唤，高校教学改革必须统筹兼顾，在课程体系、教育教学的实践活动设计中，着重培养和开发学生的创新精神与自我创造能力，为社会主义建设提供高质量的劳动力和智力支持，满足教育创新时代的需求。

### （二）高校教学改革发展的目标

教学目标是连接教育现实与教育理想的主要联结点。一方面，高校教学改革要立足实践，抓重点，攻难点。另一方面，高校在开展课堂教学活动时，只有环环紧扣教学目标，才能真正实现学生从浅层学习向深层学习的转变。

#### 1. 以人为本，实现人本化教学

"人本"是指在自然、社会与人的关系上，人是主体，是目的和标准。以人为本的教育理念主张，在教育教学中要把人放在第一位，强调以人的发展特别是作为教育对象的具体的个人的发展为根本。以人为本观念最初出现在文艺复兴运动时期，但真正从哲学上把对抽象"人"的关注转移到对个体生命价值的"人"的关注经历了漫长的过程。随着马克思主义的产生与发展，以人为本的理念才得到真正的科学说明，并广泛渗透到政治、经济、教育等领域。

传统的教育形式习惯把文本知识与学习成果凌驾于人的本性之上，把学生机械地看作被塑造、被加工的对象。事实证明，这种主客体关系的错位，很大程度上影响了教学的效果，使教学远离人性而成为程序化、模式化的工具，由此导致我国教育体制偏离轨道，教育功能异化，忽视了以人为本的基本价值取向。杜威指出："教育并不是一件被告诉和被告知的事情，而是一个主动性和建设性的过程，在理论上，这个原理几乎没人承认，而在实践中却又没人敢违反。"[1]因而，教学要遵循学生的主体性原则，尊重学生受教

---

[1] 约翰·杜威.民主主义与教育[M].王承绪,译.北京：人民教育出版社，2001.

育的权利,帮助学生真正理解和掌握知识技能。高校是培养人才的重要基地,在高校的教学管理工作中,教学目标的实现既要靠学生自主学习,也要靠教师辅助实施,包括优化课堂教与学的行为分析,探讨学生的学习能力、创新能力以及合作与交际能力,这就要求教师采用全新的人才培养模式,尊重和调动学生积极性,提高教育教学的效益。

*2. 把握教学规律,尊重学生个体差异*

正如马克思所说:"人们在实践中,通过大量的外部现象,可以认识或发现客观规律,并用这种认识指导实践。要想在活动中获得预期的目的,就要从实际出发,坚持实事求是,认识和尊重客观规律,按照客观规律办事。"[①] 学生作为受教育者,由于其个体智能发展的多元性,决定了学生之间存在不同的个性特征,具备不同的知识建构能力。《国家中长期教育改革和发展规划纲要(2010—2020年)》明确指出:"坚持以人为本、推进素质教育是教育改革发展的战略主题,是贯彻党的教育方针的时代要求,核心是解决好培养什么人、怎样培养人的重大问题,重点是面向全体学生、促进学生全面发展,着力提高学生服务国家人民的社会责任感、勇于探索的创新精神和善于解决问题的实践能力。"大学培养的人才应该是多规格的,对不同特点的学生要采取不同的衡量标准。教师要及时转变角色和态度,最大限度地利用学生的个性特点和潜能实施分层教学,不以个人期望改变学生,因势利导,用发展的眼光对待学生。

*3. 培养高阶能力,鼓励自我创新和自我发展*

当今,以科学知识为代表的经济社会的发展对人才素质提出了更高的要求,强调在不忽视基本素养(读、写、算)的前提下,注重人才,尤其是创新型人才的学习、问题求解、决策、批判性思维、信息素养、团队协作、兼容能力、获取隐性知识、自我管理和可持续发展能力。在教学目标分类中主要表现为较高认知层次上的心智活动及认知能力,如分析、综合、评价、创造、演绎、推理等。这些能力相互关联,相互作用,共同为促进人才的可持续发展提供导向。未来的信息社会充斥着各类复杂的需求和矛盾,能力的培养和

---

① 伍章余. 马克思主义基本原理概论[M]. 北京:经济日报出版社, 2019.

思维的多元性就显得十分必要。哈佛大学著名的心理学教授伯金斯认为："日常思维就如我们普通的行走能力，是每个人与生俱来的，但是良好的思维能力就像百米赛跑一样，是一种技术与技巧上的训练结果。"[①]因此，高校在教育教学过程中，要运用恰当的工具，采取相应的教学支持，实行一系列有针对性的强化练习，着重培养学生的高阶思维能力，踏实有力地帮助学生实现人生价值。

### （三）大学生学习的内在机制

苏联心理学家列昂捷夫等人认为，人的心理、意识等一切活动的结构都是环状的，在与环境对象的实际接触中，借助于内导作用和返回机制，调整并充实初始导入的映像。[②]学习作为一种特殊的社会性活动，也近似于一种环状结构，由定向、执行、反馈三个环节共同组成。探讨大学生学习的内在机制，能够更加深入准确地把握高等教育阶段学习的实质，进而采取有效措施促进高校大学生学习。借鉴已有研究成果，大学生学习内在机制的探讨应聚焦到以下几个方面。

第一是学生学习的特征。大学生作为社会成员之一，其学习活动具备人类学习的一般特点。但在整个教育系统中，大学生处于一种特殊地位，使得大学生的学习活动不同于一般人类学习。研究当代大学生学习的内在特点是实践研究的热点问题，初步得出的结论是，必须基于现代学习观，结合大学生自身学习的特征，通过接受性、建构性的学习模式促进个体的内在发展。

第二是大学生对活动的认识方式。教学活动就其本质而言是一种特殊的认识性活动，学生认识活动的方式基本是在教师的指导下进行的掌握学习。无论是探究型活动还是创造性活动，均强调学习的自我感标准，从而建立对外部世界的符号化的认知与理解，更好地引导学生深层、深度、深刻学习。

第三是学习动机与学习积极性。学习动机可通过外在的学习行为反映出来，学习积极性是学习动机最直接的外在表现，不同水平的学习积极性直接

---

① 大卫·伯金斯.超越智商的思维[M].邓海平，译.海口：海南出版社，2001.
② 列昂捷夫.活动意识个性[M].李沂，译.上海：上海译文出版社，1980.

影响着学习的实际效果。教师要经常通过观察,有意识地识别学生可能存在的动机问题,根据个体在注意状态、情绪状态和意志状态这三方面的情况,比如,学生是否注意教师,能否迅速开始某项活动,能否主动地选择具有挑战性的学习活动等,通过这些行为表现,可以在一定程度上判断学生是否存在动机问题。

## 四、高校教学创新改革发展的有效生成

教学改革是一项受新教育思想发展影响的动态观念,具备综合性、全面性和技术性的特点,直接服从人才素质培养模式。高等学校教学管理在实现创新发展的道路上形成了诸多理论与实践经验,不同形式的观点的呈现不仅为深化研究提供了充足的思考空间,还能促使高校教学改革不断迈上新的台阶。

### (一)转变知识观,提升课堂教育涵养是高校教学创新发展的根本条件

提升课堂教育涵养必须革除静态的图像化的知识观,建立以知识价值为主的教育学立场,克服对象化教学的局限性。严格意义上的高校课堂教学要同时实现教学运作方式、课堂授课手段的更新,更要从思想认识观念及教师教学素质上实现创新。高校管理者要深刻考虑在教育创新条件下,高校的教育教学需要遵循什么原则,树立哪种观念,实现何种目标,现行的教学方式是否符合创新发展的要求,等等。

传统的教学思想侧重的是学生对于书本知识的掌握,认为教学是传授人类科学文化知识的"特殊的认识过程",是以知识为中心建立起来的一种传与授的活动。一直以来,传统的课堂都把知识作为唯一的对象和结果来传授,教师一味地教,学生一味地背,不去追求学生在习得后发生了什么样的变化与发展。这显然是一种静态僵化的知识观。高校教学改革创新不是为所有的学生统一确立一个必须实现的终极性的目标,而是不断地挖掘学生发展的可能性与潜力。真正具备教育涵养的课堂不仅是浅层的方法与技术性的改革,

更是以创新为使命，达到观念乃至系统内部的根本性变革。知识只是实现个体发展的工具和形成创新能力的基础。学生学习和掌握知识并不仅仅是为了知识本身，而是在掌握客观知识的基础上基于个人生命和生活体验，学会自主建构，并把所学的知识转化为能力，成为处事的价值观和方法论。

（二）转变教学策略，强调课堂的创新性、发展性品质，为创新人才培养奠定基础

课堂教学策略的实施最终落在教与学的行为分析上。在日常学习活动中，应重点体现学生的自我监控、自我管理、积极探索、表达交流以及合作探究。因此，高校教师在选择和采用教学策略时应主要体现以下几点：第一，学会理解。理解是与学生交往的基础，为理解而教是教学的出发点。要积极创设学习情境，适时开展情景对话、课堂活动，帮助学生理解特定事物的本质及其规律、价值、思想、方法和意义。第二，任务导向。建立清晰、明确的课程学习任务，将完整的课程目标、学习过程和学习方式任务化，引导学生主动探索任务活动的价值与意义。第三，启发式教学。启发，是启发学生独立思考，让学生能够自己思考问题的答案及解决问题的方法。这种教学方法强调教师是主导，教学过程虽然由教师组织，学生依旧是学习的主体。大学课堂尤其重视学生的逻辑思维和灵活应变能力，启发式教学承认学生是有灵性、有理性、有感性的能动主体，其主动性特征有助于学生行为协调和智力发展。

（三）推进高校教育制度和教学体系创新，建设有利于创新型人才成长的制度环境

现代社会的经济结构的调整要求高等教育转向以提高质量为中心的内涵式发展，实行更加灵活的教育教学制度，从而提供适合学生个性发展和自主创新的空间。让学生参与管理是高校教育制度改革不可忽视的一面。高校教育制度是为了满足全体教师和学生的需求，为全体成员谋福祉。推动高校教育教学制度创新，让学生积极参与制度建构的过程，并没有否定高校管理制度的权威性。相反，参与体现了一种尊重，一种责任感，给学生更多的自主

管理权，能更有效地唤起学生主体责任感，培养公民意识，促进学生自由而全面地发展。但是，仅有参与是不够的，更重要的是提升学生参与制度建设的品质。要建设开放化、多样化的教育制度和教学管理体系，一方面要更新观念，转变学生对制度建设"事不关己""流于形式"的态度，为学生提供更多自觉选择和自由表达的空间，使教育教学制度的设计更具科学性和有效性。另一方面，要培养学生的协商民主精神，强化公民意识，保证学生参与的高品质与高质量，营造有利于人才培养的和谐的制度环境。

要有效地实现教育创新目标，建立适应知识经济时代要求的人才创新模式，必须正确处理好高校教学改革和创新的关系，正确诠释好高校教育教学发展的目标与内涵，无论对教育教学协同创新理论的推进，还是高校教学体制的进一步深化，都具有十分重要的意义。

## 第六节　高校教育教学管理的观念变革和实践创新

随着时代的进步与发展，社会各个领域发生重大的变化，高校教育教学管理也不例外。基于教育大众化背景下，对于高校教育教学管理质量提出越来越高的要求。因此，面对全新的发展形势，高校加强对教育教学管理观念的变革与创新是非常必要的，在推进高校朝着现代化方向发展的同时，提升高校人才培养的质量，从而满足社会发展对优秀人才的需要。本节从教学管理观念、管理制度、管理体系以及评价体系等多个方面探讨高校教育教学管理观念变革的实践创新，希望能够为有关专业人士带来一定的参考与借鉴。

21世纪是互联网广泛应用与普及的时代，信息技术与计算机技术的应用改变了人们的生活方式与教育方式，给高校教育教学管理既带来了机遇，也带来了挑战。新形势下高校要具备与时俱进的意识，紧跟时代的发展步伐，根据社会发展需要变革教育教学管理理念，全面落实人才培养工作，将学生培养成为社会发展需要的复合型人才，从而为我国社会经济建设进步与发展奠定坚实的人才基础。

## 一、顺应时代发展需要，加强对教育教学管理观念的创新

随着经济全球化的深入，高校要紧跟时代发展步伐，加快变更教育教学管理观念，根据市场发展需要制订人才培养方案。一直以来，我国高度重视高校教育教学改革工作，并出台了相关的支持政策。在国家大力支持下高校的质量意识不断增强，积极地推进教育改革步伐，并制订科学的人才培养计划。由此可以看出，高校教育教学改革工作要与时代相接轨，根据社会发展需要形成现代化管理思想，大力创新教育教学管理方式与内容。同时，高校要以时代发展为基础建立可持续管理制度，在保证管理质量与水平的同时实现教育教学目标。

## 二、建立健全教育教学管理系统，加强对教育教学管理制度的创新

高校在开展教育教学改革过程中，要以工作决策、工作执行、工作监控以及信息反馈等方面为着力点从整体上优化教学管理工作。对于高校的教育教学管理工作而言，关键是要注重各个系统优势的发挥，加强各系统的协调与互动，确保系统整体功能的有效发挥。高校应从以下几个方面入手建立健全教育教学管理系统，具体如下。

首先，提高教学管理设计水平，落实检查、监控、评估以及反馈等方面工作。其次，加强教学评价管理，充分发挥出教学评价的重要价值。再次，加大教学质量监控力度，强化对学生的引导，重点激发出学生的学习兴趣；最后，教学管理工作要体现出学校主体性，充分发挥学校的主导作用。

高校在教育教学创新与改革中要重点加强对管理制度的创新，制定弹性管理模式，保证教育教学管理工作质量与进度。就目前而言，绝大部分高校一直沿用传统落后的管理制度，阻碍着学校的进步与发展，影响人才培养方案的制订，所以，高校要积极转变教育教学管理理念，摆脱传统管理思想与制度的束缚，积极树立起现代化管理意识，全面推进制度的改革与创新，以学生为中心开展教育教学管理活动。

## 三、树立起整合思路，加强对教育教学管理体系的创新

### （一）构建教学改革系统

高校教育教学改革要着眼于整体，从代表性专业入手逐渐分化至各个学科与教学内容，同时，应当根据学校的教育方式与自身特点建立健全教学改革体系，确保体系全面覆盖教学方式、教学内容以及课程设置等多方面内容，在实现对人才培养方案优化的同时形成现代化教学管理理念，保证学生的知识水平以及综合素质的全面提升。

### （二）建立人才培养系统

高校肩负着为社会发展培养高素质人才的重要任务，人才培养一直以来是高校的核心工程，这就要求高校从思想上提高对教学工作的重视，加强对教师队伍的建设，在教学中贯彻落实"以生为本"的基本思想，通过开展高效率的教学工作，全面提升高校的教学水平，积极推进高校改革的进程。同时，高校要加强教学管理工作，以此为核心推进学校其他各项管理工作的顺利开展。

### （三）形成教育管理系统

高校要重视建立健全教育管理系统，树立现代化管理思路，实现管理与建设以及研究与改革的紧密结合，从而有效地促进整体的提升。研究的首要任务是明确改革目的与方向，通过建设与管理充分地体现出改革精神，建设是保证改革成果的重要基础，而管理是保证建设质量的关键，加强管理有利于实现改革的目的。

## 四、建立健全高校教育教学工作的评价体系

构建教学质量评价体系。高校在变革教育教学管理观念时，有必要根据高校的发展特点，从高校发展实际情况出发，遵循可行性、系统性以及科学性等基本原则建立健全教学质量评价体系。同时，对于全体教职工的评价，

要坚持公平、公正的基本思路，实行对教职工的教学质量的全方位的评价。需要注意的是，由于每个教师所负责的教学工作有所不同，这就需要在充分了解各个学科特点以及教学具体要求的基础上对教师进行评价，保证评价的合理性与科学性，并以此评价为基础进行教学岗位绩效考核。

构建教学状态评价体系。对于高校的教育教学管理而言，构建起完善的教学状态评价体系是非常有必要的。高校在开展教育教学管理中，要将教学过程、教学质量、教学建设以及教学改革等方面作为重点管理内容，同时要保证评估的科学性、合理性以及系统性。此外，高校要以人才培养为核心加大教学投入，科学合理地制订教学计划，在保证教学工作全面推进的同时，切实地保证教学质量与效果。除此之外，高校建立起奖惩制度与激励制度，对于教学中表现优秀的教职工，要给予物质上与精神上的奖励，同时对于教学中态度散漫、工作不认真甚至存在失误的教职工，有必要进行批评教育，使其积极改进教学工作，从而保证高校教育教学改革的顺利进行。

构建学生素质测评体系。对于学生而言构建起学生素质综合测评体系具有重要意义，一方面可以点燃学生的学习兴趣，调动学生参与至课堂教学的积极性与主动性，另一方面可以全面提升学生的学习质量与效率。因此，高校在教育教学管理观念变革中建立健全学生素质综合测评体系，并在此基础上构建起奖优制度与创新制度，以学生为中心科学的教学模式，注重培养学生的自主学习能力，同时要采取科学方式定期展开对学生的知识水平、学习水平与综合素质等的测评，其中，对于学习成绩优秀且表现突出的学生要给予奖励与表扬，鼓励学生大胆地创新与思考，并点燃学生的学习兴趣。

总而言之，随着社会的进步与发展，对优秀人才的需求量不断地增加。因此，高校要肩负起为社会发展培养高素质人才的重任，以市场需求为导向做好人才培养工作，做好高校的教学工作，保证高校的教学质量与水平，从而塑造良好的学校形象，提升高校的知名度。同时，基于教育大众化背景下，高校要积极改变传统落后的教育教学管理思想，形成现代化教育教学管理理念，建立健全管理制度，推进高校的健康长远发展，促进我国高等教育事业迈向更高的台阶。

# 第四章　新媒体环境下高校教育教学概述

## 第一节　新媒体与高校新型教学互动

信息技术快速发展促进教育教学变革，好的教学效果只有在教学互动中才能形成，新媒体环境下针对当今高校教学互动的困境，探索通过师师交流互动改变传统教学模式，生生交流互动激发学生的学习积极性，师生互动培养学生对知识的综合应用和分析能力，构建新型师生互动教学模式，给学生美好的学习和发展体验。

在信息技术飞速发展的时代，利用数字技术、互联网、电脑、手机等向用户提供信息的传播方式成为常态。数字化的新媒体时代，微课、慕课等给我们提供了丰富的教学资源；毕博、微助教等为我们创造了便捷高效的教学平台。各学校大力融合信息技术改进教学模式，实施线上线下混合教学模式，以学生为中心，培养学生的创造力。但好的教学效果只有在教学互动中形成，好的教学互动是师生共同盼望的。

### 一、目前一些高校师生互动的困境

高校教学互动是师师、生生、师生双方交流情感、沟通思想和传递信息的双向交互过程。尽管数字技术和互联网飞速发展促进教育变革，但目前教学互动仍然存在一些困境。

#### （一）单向为主、缺乏交互影响

传统课堂一直以来以教师为主，教师掌握传输知识的主动权，学生被动接受知识，双方形成"主体—客体"的单向度关系。在教学中主要表现为老师讲课学生听，较多的学生处于被动接受知识的状态，为完成任务而学习，学业成为负担，敷衍了事。

### （二）控制性为主，缺乏民主交流

师生关系中，由于教师对权利、知识等资源占有不平等，具有控制权，学生处于服从的地位，这种教学模式培养的学生大多数唯命是从，胆小不敢质疑，继而不善于思考。这在很大程度上限制了学生的想象力和创新能力。

### （三）以课堂为主，缺乏交互反馈

目前大多数师生互动仍然以课堂为主，但由于课堂实践限制且在规定时间要完成相应的内容，因此互动就变成了形式，如简单粗暴的问答，或者课堂就没有互动，师生缺乏双向的交互反馈和研讨，师生关系淡漠，课堂的师生互动向教师完成教学任务妥协。

### （四）传授知识为主，缺乏情感融入

现今传统高校师生互动仍以传授纯粹的学科知识为主，忽视与学生的情感交流和思想沟通，互动内容单一且理性，缺乏情感的融入。上课人来，下课人散，如无良好的关于自主学习的引导，学生大量课余时间无所适从，继而只会玩乐不会学习。

## 二、新媒体环境下新型教学互动的探索

信息技术改变学习者的认知方式和学习方式，改变师生的教育关系，极大地增加人们学习及重复学习的机会。在传统教学中正确适宜地融入信息技术，通过多渠道交流路径，构建新型师生互动教学模式，为学生创造美好的学习和发展体验。

### （一）师师互动，改变以往教学模式

利用新媒体的及时性和交互性，用于校际、同校的教师交流学习，可快

速共享优秀的教学资源，分享实战经验，有利于改变以往的教学模式，构建以学生为中心，先学后教，以学定教的新型教学模式。

### 1. 预习——先学后教

高校普遍存在课程课时紧的问题，如果学生课前不预习，课堂就成了"满堂灌"。教师应充分利用教育部和各网络教学网站推出的名校名师精品MOOC、电子书等，根据自身知识优势和教学经验，在网上甄选适合本校学生的精品教学资源，利用网络平台提供给学生自主学习即预习。为使课前预习落实到位，教师辅助学生制定课前自主学习任务清单，基于学生对知识的识记和理解，设计的内容既要让学生掌握基础知识，又要充分调动学生学习积极性，如果教学目标不明确，问题设置难度过高，就不利于学生学习兴趣的培养。

### 2. 预习反馈——以学定教

预习过程首先让学生自主解决问题，然后形成学习小组协同解决问题，再提出疑问课堂解决。因此课前学习任务单应包括如下内容：观看教学视频或教材内容、实现学习目标、厘清知识重难点、学生应用的学习方法、学生组织的学习活动、自我测评、学习疑问、对课堂交互的期望。教师在相应网站上建课，和学生建立网络课堂，学生预习后完成课前学习任务单，线上提交，教师课前能及时掌握学生预习情况，定制课堂教学活动。

### 3. 寓教于乐——互动式教学微视频

通过一些软件或硬件工具，教师可以非常快捷地制作互助式教学微视频给学生观看。在设计制作视频的时候根据掌握的知识点插入精心设计的练习题或游戏题，让学生在学习过程中边看边练，如看完一个知识点，弹出自测题或游戏题，答对后继续学习，否则返回复习，答对才能继续观看。在教学视频中加入互动元素，使视频更精彩，更有趣味性，使学生的自主学习具有明确的目的。

### 4. 不断实践——优化教学方法

他山之石可以攻玉，不断向优秀教师学习，形成适合学生的独特教学方式，用于实践。在实践中不断借助网络平台提供的科学数据检查实施效果，查找原因，总结经验，对原有方法和计划进行修正，优化教学方案。

## （二）生生互动，激发学生学习兴趣

由于一个班级中，学生与学生相对处于平等状态，建立学习小组，学生自主学习，归纳总结，设计练习题，讨论解答，组内相互交流，组间帮助学习，形成良好的学习氛围。分组学习有利于培养学生人际关系，增进学生之间的情感，发展学生个性，增强学生的自信心，敢于质疑同时愿意听取别人的意见，相互尊重，多元化的学习方法和团队协作解决问题的效率高，理解问题正确率高。

分组学习特别要防止一人独大，流于形式。采取的措施：分组可以采取多种形式，按照教学活动的不同组织不同的学习小组，按学生的兴趣爱好分组，按同学间的亲密关系分组；小组活动要有活动场所、活动记录、协同解决的问题及收获。

分组学习的目的是激发学生的求知欲，充分展现学生的个性让学生自由发展，有创新能力，学会集众人才能解决问题，让每个学生都能受益。

## （三）师生互动，深化学习

新媒体环境下教师要认真了解学生的认知特点和学习特点，构造师生平等、以学生为中心的新型教学模式。师生互动主要在有形的课堂和无形的线上平台进行，学生通过较好的预习后对基本知识有了理解和识记，教师根据学生反馈的信息订制教案，坚持以学生为主体、教师为组织者的教学原则，启发鼓励学生进行知识探究，让学生与老师共同参加课程的教与学。

### 1. 课中学习任务单，使学生收放自如

课中的教学目标是探究基础知识的应用和分析。任务单设计的主要内容为：学习目标、项目探究、当堂检测、知识拓展、学后反思。课中学习任务单是有效课堂的保证，避免因学生自由发挥时间过长而不能完成教学任务。

### 2. 以问题激活思维，引发互动，深化学习

当然，本节提出的算法还需要做进一步的优化工作。在种群规模迅速扩大的时候，算法的运行时间也会变长，程序会容易陷入局部最优解当中，这些都需要在以后的研究工作中加以改进。

### 3. 学习空间的重构，增强教学的趣味性

有用有趣的课堂是吸引学生积极参与学习的关键。教师努力培养以学生为核心的教学模式，重构学习空间，让学生切实体验到知识的有用和有趣，以此激发他们对知识理解的深化和拓展。具体做法是将传统教室改造成分组学习讨论型，大班教学改成小班教学，把课堂搬进实训基地结合实景探究知识，在实验室用实验验证知识，自己设计实验拓展知识。

### 4. 信息化技术让互动更精彩

充分利用现代教育技术手段，如微助教、雨课堂等教学互动软件把各种有用资源、信息有机结合起来，生动活泼地表现教学内容，如抢答、选择、讨论、弹幕等，充分调动学生主动参与教学过程的积极性。并通过课余时间线上人机交互，实现教师与学生、学生与学生之间的多向互动，如采用网上讨论、网上评论、网上答疑等形式。

### 5. 以多样互动，产生合力

让学生进行课堂总结，根据知识的重难点自己设计多样化的作业，合理分工调动全体学生参与教学活动，积极投入到学习探究中，师生互动增进情感，形成合力，整体增强课堂效果。

信息技术与网络技术发展，促进教学转向以学生为主体，将基础知识的学习交给学生，教师负责设计教学并实施，在宝贵的课堂时间内辅导学生完成知识的深化拓展和解决应用中的问题。完成教学过程中的互动要注意以下几个问题：①学习的决定权在学生，教师的主要任务是助学。②教学互动要让每位学生都受益。③教学互动不能流于形式，要掷地有声。

## 第二节 新媒体语境下高校媒介素养教育

在新媒体环境下，媒介素养已经成为现代人们必须具备的基本素养。本节以分析当前大学生媒介素养状况为出发点，对高校媒介素养教育的内容和策略进行分析，以期为高校教育实践提供有价值的思路。

在新媒体环境下，信息的传播速度极大程度地提高，信息传播的范围也大大扩展，文字、图片、视频等各种形式的信息，可以在极短的时间内迅速传播至世界各地。当代大学生是智能手机、电脑等各种现代信息产品重要的使用主体，也是新媒体信息接收和传播的重要人群。思想、观念都不尽成熟的大学生，时刻面临着来自各种渠道，包含各种内容、主题、思想的信息，并很容易被其中的不良信息所浸染，或者成为虚假、负面信息的传播者。这就要求高校必须重视并有效实施对大学生的媒介素养教育。

## 一、新媒体语境下大学生媒介素养现状分析

在新媒体语境下，媒介素养包含的内容广泛而复杂，概括来说，主要包括在新媒体环境中，收集、处理、应对、利用信息的能力，以及面对各种信息时，所应具有的怀疑精神和道德素养。

从整体上看，新媒体环境下的大学生，在媒介素养方面存在一定的不足，具体表现在两个方面。一方面，作为新媒体信息的接收者，大学生由于政治觉悟、思想认识，以及对信息真假、善恶、优劣的辨别能力不足，往往容易被蕴含着错误思想、价值观念的信息所影响，产生错误的思想观念和行为倾向，影响其形成正确的思想和信念。另一方面，作为新媒体信息传播的主体，很多大学生由于法治观念、思想信念、价值观念的不成熟，甚至存在的错误倾向，而成为虚假、负面信息的制造者和传播者，为营造健康、良好的新媒体环境造成了一定阻碍。

## 二、新媒体语境下高校媒介素养教育的内容

在新媒体语境下，高校对大学生媒介素养的教育应该着眼于三个方面。首先，在信息知识方面，要通过适宜的教育方式，使大学生在理论上掌握媒介、新媒体的功能和特点，以及新媒体环境下信息传播的内容和特点等基础性知识，使他们认识到，在新媒体环境下，信息的丰富性和复杂性。其次，在信息能力方面，要通过多方面、多形式的教育，培养大学生在新媒体环境中收集、处理、利用信息的能力，使他们学会积极利用各种信息丰富见识、增长

能力。最后，在信息道德方面，不仅要培养大学生辨别新媒体环境下各种信息的好坏优劣，避免个人的人身、财产、思想因各种新媒体不良信息受到伤害，还要培养他们自觉维护新媒体环境，不造谣、不传谣，乃至自觉监督、批判、消除新媒体环境中的负面信息，做自由、健康的新媒体环境的守护者。

另外，对大学生媒介素养的教育，除了注意内容的全面性和层次性，还应该注意遵循一定的原则。例如，教育内容和方式要契合大学生的思想、行为、喜好等方面的特点，同时，要注意与社会现实状况相联系，让大学生切实了解和掌握现代社会形势下与新媒体相关的知识、特点、情况等内容。又如，教育过程要体现系统性和专业性。高校要从总体上制订大学生媒介素养教育方案，在实际教育过程中，有效落实方案的每一个步骤和内容。另外，还应该注意大学生媒介素养教育的专业性。重点培养具有丰富、扎实的媒介知识和素养的师资力量，或者聘请具有这些能力特点的社会人士，作为大学生的媒介素养教育导师，以保证媒介素养教育的实效。

## 三、新媒体语境下高校媒介素养教育的策略

第一，确定媒介素养教育的重要地位。不可否认，在当前以及可预见的未来，新媒体环境将会向着更加多元、先进的方向发展，媒介素养已经成为现代社会人才素养的必然内容之一。与此同时，高校的媒介素养教育也应该顺应社会形势的发展，认识到并确定媒介素养教育在整个高校教育体系中的重要地位。只有这样，才能够从整体上规划媒介素养教育的具体内容，有效地培养大学生的媒介素养。

第二，构建媒介素养教育的系统课程。在新媒体语境下，高校的媒介素养教育并非一朝一夕、一时一刻就能够完成的工作。在不断发展变化的新媒体环境下，高校的媒介素养教育要与其他学科教育，以及思想政治教育一样，建立系统、全面的课程制度和体系，以实现对大学生媒介素养的系统、全面、全程性培养。

第三，丰富媒介素养教育的具体形式。从根本上看，我们所注重培养的学生媒介素养，是一种面对现代媒介和信息环境正确甄别、应对各种信息的能力，

具有极强的实践色彩。因此，与之相对应的教育过程，便不应该是呆板、单调的灌输形式，而应该采取囊括知识教育、活动培养、实践锻炼等多种形式，使大学生不仅掌握必备的媒介知识，更具有相应的实践能力，真正培养其素养。

总之，在新媒体语境下，媒介素养已经成为现代社会人才的必备素养，高校作为社会人才培养的重要主体，应该认识到媒介素养培养的重要性，采取灵活有效的形式，培养大学生的媒介素养。

## 第三节 新媒体环境下高校心理健康教育

相对于传统媒体，新媒体在为社会发展带来便捷的同时，也对生理、心理发展不成熟的高校学生产生了极大的影响，因此对高校心理健康教育来说，新媒体技术既带来了机遇，也形成了不小的挑战。本节通过分析新媒体对高校心理健康教育的积极和消极影响，为高校心理健康教育提出建议和参考。

近年来，随着互联网的普及和信息技术的快速发展，在数字技术、网络技术和移动通信技术的加持下，形成诸多新媒体形态，对在网民中占比较大的高校学生群体的生活方式、学习、心理和行为习惯产生极大的影响。对高校心理健康教育来说，新媒体技术既带来了机遇，也形成了挑战。因此，有必要探讨新媒体对高校学生心理健康的影响，以充分发挥新媒体对高校学生的积极作用，使消极作用降到最低。

新媒体（New Media）概念最早是由美国哥伦比亚广播电视网（CBS）的戈尔德马克（P.Goldmark）于1967年提出的。但对新媒体的界定，学者们众说纷纭，至今没有定论。清华大学熊澄宇认为，新媒体是相对于传统媒体（报刊、广播和电视等）而言的宽泛概念，同时是一个不断变化的概念，它是建立在现代通信技术和计算机信息处理技术基础上的媒体形态。新传媒产业联盟王斌认为，新媒体是以数字信息技术为基础、以互动传播为特点、具有创新形态的媒体。[1]中国传媒大学教授宫承波认为，新媒体是一种依托数字技术、

---

① 许振洲.新媒体的勃兴与传统媒体的迷失[J].新闻爱好者，2011（3）：42-43.

互联网络技术、移动通信技术等新技术向受众提供信息服务的传播媒介。①

概括来说，新媒体是以数字技术、计算机技术、网络通信技术、移动技术等为基础，以现代互联网、无线通信网、数字电视网和卫星等为通信手段，通过电脑、数字电视、移动终端等设备，实现与受众（用户）间信息交互和娱乐服务的传播形态。它的主要特点为个性化与社群化、交互性与即时性、新媒体与超文本、海量性与共享性。

## 一、新媒体对高校学生心理的影响

新媒体作为一种新的信息获取和传递工具，正改变着高校学生的生活方式和行为习惯，对于正处在心理成长和发展关键时期的学生来说，既有积极的影响，也有较大的心理冲击。

### （一）新媒体对高校学生的积极影响

新媒体有助于快速获取多元信息。新媒体作为具有巨量信息资源、快速传播速度、自由信息获取的全新传播形态，为高校学生提供了更便捷的信息获取渠道。学生可以通过多种方式快速获取需要的信息，其信息量之大、获取速度之快是以往任何信息传播平台都无可比拟的。这有利于高校学生拓宽视野，积极主动地认知和探索世界，也在一定程度上丰富了大学生的文化内涵，在客观上推动了大学生对多元文化的思考，从而促进其全面发展。

新媒体有助于表达思想、交流情感。新媒体环境下，独特的网络介质使得信息传播者与接受者的关系走向平等，每个人既是信息的接受者，又是信息的制造者，可以自由地发布信息、分享思想、交流情感。新媒体的这种平等性和交互性，使高校学生拥有真正意义上的话语权和表达权，可以自主地选择信息、表达信息、传递信息。借助微信、微博、博客、QQ等丰富的新媒体平台，学生可以表达情感、倾诉内心、交流思想，获得支持和理解、缓解心理压力、化解不良情绪，能使沟通交流不受时间和地域限制，有效扩大社交圈，有助于心理的健康发展。

---

① 宫承波.新媒体概论[M].北京：中国广播电视出版社，2007.

新媒体有助于自主成长。新媒体相较于传统媒体内容更丰富、表达更自由、管理更开放。高校学生可以在开放的网络空间里自由进行信息搜索和阅览，自主学习、自主交流，并针对热点问题表达自己的观点，发表自己的见解，提出自己的诉求，进而提高学生对问题的分析能力和是非判断能力，培养学生独立思考、自我反思的良好习惯，彰显独立人格，增强学生社会适应能力，对提高综合素质、促进自我成长非常有利。

## （二）新媒体对高校学生的消极影响

信息复杂，容易导致认知障碍，造成认知失衡。高校学生心理和社会认知等方面发展还不成熟，明辨信息的能力和独立判断能力不足，面对新媒体信息的巨量性和复杂性，无法准确剔除垃圾信息、明辨网络谣言，容易出现盲从，甚至成为谣言的制造者和传播者。同时，一些低级趣味、腐朽没落、色情暴力，甚至是落后反动的内容不断涌现，使得高校学生在心理感知、心理判断、心理接受、心理认同上产生迷茫，不知所措，或走向迷失，容易导致认知障碍，造成认知失衡。

生活虚拟化，造成与现实隔离，引发心理障碍。新媒体带来的虚拟网络环境，因其匿名性和自由性，学生可以以隐匿的角色沉浸其间，随意展示理想化的自己，掩饰自己的缺点和不足，自由表达甚至肆意妄为，这给他们带来极大的满足感和心理诱惑。他们留恋于此，将主要人际交往转向虚拟空间，造成与现实隔离，降低了理性思维的能力，也使他们在现实世界的人际交往能力不断弱化，出现孤独、冷漠、自我封闭等心理异常，并导致焦虑、抑郁等心理问题。此外，高频率地使用社交媒介令其对虚拟社交产生强烈的情感联结，并沉溺于虚拟环境中，他们时时刻刻都处在接收信息与发送信息的状态，一旦与他人的网络联系交往中断，焦虑和抑郁、沮丧则表现出来。

环境的开放性，容易引发成瘾和道德失范。在新媒体世界虚拟自由的环境里，人们受到的监管远没有现实世界严格，参与者可以扮演各种角色，塑造"完美化"的虚拟形象，满足自己的精神需求，忘记自己真实的社会身份和社会责任，沉迷于网络，造成依赖、网络成瘾。此外，由于网络的虚拟性和开放性弱化了传统道德的约束力,再加上网络法律和制度不健全,缺乏如传统社会有效的道德、法律约束,一些高校学生就可能出现道德失范行为,如网络攻击、侵犯知识产权、网络欺诈、滥用个人信息等。

## 二、新媒体背景下优化高校心理健康教育的建议

新媒体给大学生心理健康带来双重影响的同时,也给大学生心理健康教育带来了机遇和挑战,对于高校心理健康教育工作,应积极采取措施更新心理健康教育观念,优化现有教育模式,提高教师队伍信息化素养,充分发挥新媒体的优势,最大限度减少新媒体带来的负面影响。

### (一)更新教育理念

新媒体时代心理健康教育工作者在开展工作时,要转变教育理念适应新媒体带来的改变。一是变学校教育为主为家、校、社会"三位一体"。学生心理健康的影响因素涉及方方面面,单靠学校老师的教育远远不够,需要建立学校、家庭和社会共同参与的大学生心理健康教育体系。二是变单独依靠心理教师为各科教师共同参与。心理教师是心理健康教育工作的主要承担者,向学生介绍心理健康知识,介绍自我心理调适的方法。但心理健康教育不应仅仅局限于此,各科教师都应参与其中,除在课堂教学中用心理学知识对大学生的感知能力、注意力、创新能力进行训练外,还可通过案例激励学生积极、上进,保持阳光心态。三是变消极应对为积极发展。心理健康教育应以教育发展型模式为取向,以全体学生为服务对象,以培养学生积极心理素质和健全人格、激发学生的内在成长潜能为主要任务,而不是仅仅关注问题。四是变外部干预为心理自助。应发挥学生的主动性,使他们在深化自我认知、自我体验和自我控制中促进自身成长。五是变事后补救为事前预防。如果心理健康教育只关注解决问题,将处于被动地位,新媒体时代应通过信息手段及时掌握学生心理动态,提前介入预防,避免异常状况出现。

## （二）优化校园网络环境，培养学生正确的网络观，养成良好媒体使用习惯

生活环境对一个人成长和发展的影响是不容忽视的，尤其在信息资源丰富、开放性强的新媒体时代，新媒体诸形态所形成的舆论场及渗透其中的价值观对大学生的思想观念和心理品质影响甚大。第一，高校在建设校园网络时，做好网络过滤，把好网络环境最后一道关，营造健康上网环境。第二，强化大学生网络教育，提高他们对网络信息的甄别和筛选能力，能正确看待网络事件，不盲从、不轻易相信流言，遵守网络道德，把握自身行为，提高大学生的媒介素养，降低不良网络信息带来的心理冲击。第三，多方位开展健康有益的校园文化活动，丰富学生的校园文化生活，提高学生的文化修养，增强自我约束、自我管理和自我监督的能力和行动自觉，引导学生合理规划上网时间，避免沉迷网络，进而充分利用新媒体的信息资源优势，关注与学习生活密切相关的各类资讯，发挥新媒体的积极作用，抑制消极作用，使学生不至于沦为技术的奴隶。

## （三）提升心理健康教育教师队伍素养

新媒体的快速发展，对心理健康教育工作者也提出了更高的要求，高校应根据新媒体的特点，持续提升心理健康教育队伍的专业素养和信息化素养。首先，要提升高校心理健康教育教师队伍的专业化水平和能力。新媒体环境下的心理健康教育绝不能脱离教师的教育，相反对教师的专业水平提出了更高的要求。当前一些高校的心理健康教师队伍的专业化、职业化水平不高，大部门高校的专职心理健康教育教师数量非常有限，既要进行心理咨询，还要承担心理健康教育工作。因此就吸收辅导员、学工部的工作人员，甚至无心理学基础的老师来承担心理健康教育工作，将心理咨询、心理健康教育与学生辅导、德育工作混为一谈，专业化水平不高。其次，提高高校心理健康教育工作者的信息素养。新媒体环境下的心理健康教育者，除了需要具备心理学专业技能和实践经验外，还需要具有信息意识和信息能力，熟练掌握网

络技术。教育者只有通过亲身接触并运用新媒体，才能感受各种新媒体作为心理空间的基本特征以及其中的心理体验，了解学生真实的内心世界；只有了解新媒体特征，熟悉网络文化特点，才能熟练地运用各种媒体技术与学生进行沟通、交流，开展心理健康教育。

### （四）打造多功能、多渠道的心理健康教育新媒体平台

新媒体的重要特点在于其开放性、便利性、实时性和隐秘性。要充分发挥新媒体的优势，就需要构建集心理教育资源共享、咨询预约、网络咨询交流、自我心理评估等功能于一体的心理健康教育新媒体平台，如心理健康微信公众号、心理健康网络主页、心理论坛。通过这些平台可以为学生提供包括心理健康基础知识、微课、自我调节方法以及心理健康等方面的视听资料；使学生在遇到困惑或心理问题时能及时寻求支持、及时得到帮助，突破时空限制；使学生在平台上通过分享励志、健康向上的案例、文学作品和自身经历等，实现心理自助和行为的支持，帮助学生从感同身受中获得启发、产生共鸣，进而调动自我改变的积极性和主动性；使学生进行认知、情绪、人际关系等心理测试，了解自己的心理健康状况；可以使学生及时了解学校有关心理健康的热点新闻和工作动态，并积极参与有关活动。

## 第四节　新媒体环境下高校课堂教学

互联网时代，新媒体技术不断发展，高校教学改革势在必行。本节从高校课堂教学出发，解读新媒体背景下的高校教学特点，分析高校教学环境、教学模式、教学效果中存在的一些问题，探索数字经济时代下的高校课堂教学的改革思路，为提高高校教学质量奠定理论基础。

我国的政治、经济、文化、社会等各方面已随着数字经济时代的到来而在不知不觉中发生着相应的改变。新媒体是建立在数字、计算机与网络基础之上的信息和通信技术。与传统媒体相比较，新媒体在技术和形式上都发生了很大改变。有些是崭新的媒体，比如，互联网；有些是新旧结合的媒体形

式，比如，电子报纸。新媒体在一定程度上维护了世界和平，促进了民主建设，推动了教学改革。

## 一、新媒体背景下高校教学特点

### （一）学生学习自主化

新媒体时代为学生自主学习能力的培养创造了有利条件。在传统教学中，教师发挥主体作用，向学生传播知识与经验，而学生主要以听、记、想来获取知识与间接经验。在课堂上，学生总是被动地接受知识，而非主动地探索学问。随着新媒体技术的发展，"一言堂"的传统教学已经不再是学生求知的唯一形式，教师不再是高高在上的知识权威载体，新媒体为学生提供了更为广阔的求知平台和学习路径。新媒体技术使学生从枯燥、抽象的文字知识中解脱，而以生动的画面、美妙的音效吸引学生的注意力、提高学生学习的乐趣，提高学习效率和自主学习能力。新媒体教学使学生由被动变为主动，真正成为学习的主人。

### （二）教师教学丰富化

新媒体时代使教师教学更为生动形象。传道授业解惑是教师的主要职责，教师的认知、言行、阅历、修养等决定学生学习的深度和广度，而教师采用的教学方式、教学方法、教学手段等决定学生学习效率的高低和教学效果的好坏。高校教师继续以传统教学方法教学，知识传播的时间和空间局限性明显，教学效果往往与教学设计偏离，达不到预期效果。新媒体技术为教学变革带来契机，同时也为教师带来机遇和挑战。教师学习新技术，借助新媒体辅助教学可以使课堂变得生动起来，调动学生学习的积极性，活跃学生的思维方式，培养学生的创造力。数字经济时代赋予教师更多的责任，教师教学形式越来越丰富。

### （三）教学环境数字化

新媒体技术为课堂教学带来更为丰富的教学内容和教学形式。传统教学以"讲说式"教学为主，通过教师讲解、演说，学生达到理解、识记的目的。对于大部分学生来讲，这种方法生硬、枯燥、抽象，学习效果并不显著，人才培养目标很难实现。"一书一本一粉笔"的教学环境已不能适应当前的时代发展，数字化的媒体形态已经慢慢渗透到学生的生活和学习中。众多高校顺应数字化时代的发展，引进新媒体辅助教学工具，加强数字化校园建设，为师生创造适宜的教学环境，实现数字化生活、数字化学习。

## 二、新媒体背景下高校教学中存在的问题

新媒体为教育传播带来诸多有利条件，但它也会产生一些问题。

### （一）学生意识形态受到冲击

学生生活逐渐被数字化，思想亦逐渐被数字化。数字化了的生活更加便捷，但数字化了的习惯和思想却是一种潜伏的危害。教育的目的不只是让学生掌握知识，更重要的是培养学生自主学习的能力、独立解决问题的能力、探索发现和独立创造的能力。然而，新媒体技术的便捷已经改变了部分学生的学习习惯。这部分学生更加习惯于通过浅表的、及时的、碎片化的阅读来获取信息，认真、深入、持续的研读和探究却渐行渐远。此外，更多的学生利用强大的搜索引擎帮助自己解答疑问，从而独立思考的空间被挤占。这些习惯一旦形成，学生对新媒体会产生依赖，这对独立思想的形成是一种威胁。

### （二）教师队伍参差不齐

新媒体时代对教师教学行为有了更高的要求。应对新的教学环境，高校教师应与时俱进，积极学习和运用新媒体技术教学。由于各区域条件、背景等有所不同，各地高校教师技术熟练度和技术覆盖率差异明显。有些年龄大的教师习惯了传统教学模式，不愿意尝试和使用新的教学手段，存在抵触心理，因循守旧、心理上和能力上都没有适应新媒体教学环境，"一言堂"形式的教学占比依然很大，导致教学与实践脱节；而一些青年教师过分依赖新媒体技术，技术占主导地位，教学功能弱化；还有一部分教师积极采用新媒

体的辅助教学形式，但是新旧媒体结合力度不够有效，导致在教学资源准备、教学环节时间分配、师生互动等方面发挥不够好。高校教师队伍参差不齐，教学质量有所下降，偏离人才培养的方向。

### （三）学校管理模式落后

高等教育的人才培养是理论与实践相结合，学生在掌握理论的基础上，掌握科学技术。新媒体技术在发展，高校应提供相应的教学环境和教学工具。部分高校逐渐实现数字化管理，教室、实验室均配备投影仪等新媒体辅助工具，改善了教学环境，为师生提供便利。新媒体技术不断变革，如财务共享、云计算等新技术应运而生，指引着经济向前发展，同时也推动高校教育的发展。然而，普通高校的教学环境改变幅度不大，致使教师仍然以局限的教学环境教学，高校教学仍然以抽象的理论教学为主，学生的思维模式和创造力培养受到约束。

## 三、新媒体背景下高校教学模式改革思路

技术在变革，教学也需要变革。高校教学应适应新时代的发展，教学模式亟须转变。

### （一）加强数字化校园建设和管理

新媒体环境教学在学生能力培养和开发中作用显著，这对高校提出新的要求，高校应逐渐增加和使用新媒体技术。首先，教室增设新媒体教学工具，丰富课堂的教学形式和教学内容。其次，高校应加强数字化校园建设与维护，为教师和学生提供网上办公、学习、交流的平台，增加教师与教师之间、教师与学生之间、学生与学生之间的互动。此外，高校还可以与电信企业合作，加大学校网络覆盖面积，为学生提供课堂之外的学习环境，实现学生的移动学习，时时自主学习。

### （二）加强教师培训，提高教师专业素质

新媒体时代，教师认真履行终身学习的义务，不断学习深造，加强文化涵养，学习新技术，逐渐增加新媒体使用频率和覆盖率，提高新媒体技术熟

练程度、改变传统的教学方法，在教学设计中下功夫，以新媒体为媒介，将枯燥的、生硬的文字以更加立体、生动、形象的方式展现出来。针对新媒体技术应用不当的问题，我们则应通过培训、座谈会等多种手段来加以处理，在保证新媒体技术成功提升课堂教学效率的基础上，最大限度地提高其使用水平。教师应做到因材施教，让学生自由与自主地学习，共性与个性协同发展。

（三）加强学生意识形态管理

新媒体时代，高校急需加强学生的意识形态管理。首先，高校应树立学生意识形态管理的意识。数字经济时代要求学校管理和教学都要进行数字化转型，但在转型的过程中，新旧融合必须适宜。数字化呈现的内容是虚拟的，这代替不了真实的经验和体验。过于依赖新媒体技术学习，会影响学生自主学习能力。高校应加强学生在新媒体环境中的意识形态管理，帮助学生向正确的方向发展。其次，教师应充分结合课程特点，建立相适宜的教学模式，可采用以学生为教学主体的参与式教学；或者以新媒体环境教学为主的互动式教学、跨文化教学等。

全球正步入数字经济时代，高等教育面临数字化转型，不论是学校管理、学科建设，还是课堂教学，都紧跟时代步伐，不断创新前进。高校应把握住时代的脉搏，积极探索新媒体技术和高校教学工作的结合点，强化新媒体技术的应用，使其成为提升高校教学质量的有效工具。

## 第五节　新媒体环境下高校教育工作

随着互联网技术的快速发展，新媒体在给人们生活带来便利的同时，对人们的生活、观念等也带来了极大影响。在高校教育中也是一样的，新媒体极大地影响了大学生的生活、学习和行为，但同时，各色斑驳的新媒体内容也直接影响着他们的思维方式和价值观，学生在接收各种利于自身发展的信息资源的同时也受到了诸多负面信息的影响。由此可见，新媒体对于高校教育工作来讲，既有便利也有挑战。在这种情况下如何在享受新媒体带来便利的同时做好学生的思想教育、行为教育工作是高校教育工作者必须思考的问题，本节将就此入手，对新媒体环境下的高校教育工作模式进行探讨，以期找到新的教育办法，打破高校教育管理的瓶颈，更好地提升高校学生教育工作的成效。

当前的社会是互联网的社会，随着互联网和智能手机等数字通信工具的广泛应用，移动网络成为我们生活工作中的重要部分，博客、微信、微博、QQ、小红书、抖音等各种具有创新形态的新媒体软件成为学生学习、工作、生活必不可少的工具。这些工具在给学生的学习、生活、工作带来便利的同时，也直接影响着他们的政治思想、道德风貌，甚至是学生的价值取向，这对教育工作而言是机遇也是挑战，在这种情况下采取与时俱进的教育工作模式尤为重要，本节就此展开探讨。

新媒体与互联网息息相关，但新媒体已经不再是互联网原本的意义，而是通过一种信息技术手段，在新的技术支撑下出现的一种媒体形态，其利用数字技术和网络技术，通过互联网、宽带局域网、无线通信网、卫星等渠道，以及电脑、手机、数字电视机等终端，向用户提供信息和娱乐服务的传播形态。新媒体自问世以来发展非常迅速，很快便成为当下网络信息传播的主流媒体，微信、QQ、抖音等APP的出现也大大增加了学生对新媒体的关注和使用，这些APP个性化强、信息更新及时、工具作用明显，自问世就迅速被人们接受，在如今的大学生生活中热度极高，很受欢迎。

新媒体在高校学生生活中的应用非常广泛，如微信、微博、抖音类的社交平台、展示平台、即时通信、手机报纸等APP。以微信为例，微信经过几年的发展现已成为全球用户数量最为庞大的APP，它不仅是一种新型和典型的网络社交工具，更是一种受众极广的信息传播软件，继QQ之后对传统的社交软件进行了丰富，对人们的工作和生活都有着极大的影响。统计发现，这些新媒体的主要使用者之一就是大学生，这些大学生的典型特点、素质以及个人修养一直是被社会和国家所重视的，因此新媒体对大学生产生的影响以及在新媒体影响下如何培养爱国、爱家、自强、自立、三观正的大学生一直是我国教育研究者的主要研究课题。

## 一、新媒体为高校教育工作带来的机遇与挑战

新媒体广泛运用于高校的各项事务中,是当代大学生掌握信息、与人沟通的重要渠道和载体,对高校学生的教育工作有着极大的影响。

### (一)新媒体为高校教育工作带来了新的机遇和便利

新媒体使学生的沟通方式更加丰富,有利于学校快速掌握学生的思想和行为动态,并且各种各样的新媒体能为学生提供平台,帮助他们树立健全的公民意识和良好的自信心。

首先,各种新媒体开拓了广阔的沟通空间,突破了传统人际沟通的时间、地点、频率、方式以及接受态度的限制,为学生提供了更多元的沟通选择,有利于他们随时、随地、随心沟通,更便于学校管理工作的开展。

其次,学校的辅导员、教导员、教师等教育工作者们可以及时地通过博客、朋友圈、论坛、校园网等平台了解学生的关注点、行为动态,甚至可以从中了解他们对事物的看法,他们的思想观念。并且学校能通过新媒体的反映了解全社会大学生群体的变化趋势,及时有效地进行借鉴和参考,从而有效提升学校对学生思想和行为的预见性。

最后,教育的目的是塑造自强、自信、有能力、有担当的公民,各种新媒体给了学生展示的空间,让学生能有机会从多个方面展示自己。在新媒体平台上,学生能进行更加平等的交流,减少了传统交流的心理负担,这使得各种性格的学生都能有公平的表达机会。同时新媒体的展示平台也能帮助学生发挥特长,让他们变得更加自强、自信,而且他们也会为了使自己得到认可,更好地展示和发挥自己的特长。

### (二)新媒体为高校教育工作带来的主要挑战

一方面,新媒体的形式多种多样,而且随着数字信息的发展,将来还会有更多的新媒体面世,这就给学校教育工作管理者带来了新的工作量。然而很多教育工作者由于年龄或者接受能力的原因,无法及时接受最新的媒体软件、有效运用各种网络语言,那么就会导致他们无法全面检测学生在新媒体

上的各种动态。这样一来，一则容易出现相较于前者的空白点，二则容易导致学生对学校管理认同度下降。

另一方面，新媒体有效促进了社会思潮的多元化发展。新媒体上传播的信息，正面负面的都有，如网络暴力、色情信息、虚拟游戏、虚假信息等负面信息充斥其中。而大学生的判断力、认知力、自制力都还处在发展中，还未经过长期历练，对于一些信息他们无法正确看待，这就会导致其思想在新媒体的影响下不知不觉地出现重大变化，这对学生的思想成长是非常不利的，对于高校教育管理而言也是非常不利的。因此这对高校教育工作模式提出了新的要求，要求高校的教育工作模式需针对新媒体因势利导，只有这样才能有效掌握学生的思想和行为。

## 二、新媒体环境下高校新的教育工作模式

### （一）搭建以服务学生为导向的学生工作平台

高校的教育管理者们应快速适应这个数字化的社会，迅速做出反应，站在时代的前沿，利用新媒体资源和技术搭建以服务学生为导向的各类网络平台体系，充分发挥网络服务的育人功能，可以从学生就业、心理咨询、学科管理、学习管理、校园日常信息等方面入手，创办各种学校论坛、校园APP、班级微信群等，以此来实现学校的信息化管理。并且，构建各类教育管理平台，会使得学生与学生之间、教师与学生之间、学校与学生之间的沟通变得越来越便捷和自然。这样不仅能更好地了解学生动态，推动教育管理工作的开展，还能有效提高沟通质量，赢得学生的认可和关注。

### （二）构建校园文化建设的新媒体工作体系

在新媒体环境下，学校管理者也需要适应新媒体，应用新媒体来不断创新学校教育教学管理工作的方式。对此，学校应充分利用新媒体技术来完善原有的校园网络平台，如校刊、广播、宣传等，以此来创造一个靠近学生的网络平台，并将校园文化融入其中。此外，可以在给学生提供后盾技术和经济支持的情况下，鼓励他们创建能反映大学生思想文化的平台。同时，可以

开辟各种新媒体的互动渠道，把学生作为主角来进行学校宣传、正面意识引领，引导校园文化朝着主流、健康、和谐的方向发展。

### （三）搭建学校舆情管理平台

新媒体为我们提供了关注学生、了解学生的平台。因此，高校教育工作管理者们应及时通过关注微博、网络留言、评论动态等方式来了解学生生活情况，并且通过关注这些动态了解学生思想和心理情况，及时发现问题。在发现问题后，应主动关心、及时进行积极健康的心理疏导，如发现学生出现不自信的负面情绪，则可以通过网络关怀；也可以私下约出来像朋友一样聊天，把他们向积极的方向引导。并且通过这些平台，参与到学生交流活动中去，在认可学生的同时也应注意网络不良信息、学生不良言论、网络暴力等，在出现这些情况的时候，应及时做出反应，在直面问题的同时，做出正确的表率，并且及时引领学生客观地看待问题。教育工作者们应作为正面的力量去参与营造良好的网络文化，构建和谐的校园文化。

### （四）利用新媒体开展好学生教育工作

在新媒体环境下，负面作用中最突出的是对学生教育的影响。因此，高校学生管理者要转变教育管理的方式方法，应根据当代大学生的特点，在将新媒体技术运用到学校教育管理工作的同时，也将其运用到积极、正面、健康的思想引导上，在防范负面意识入侵的同时，运用新媒体做好学生心理问题疏导，并且充分运用这一平台，通过有意识的活动和展示向学生灌输积极、正面的思想政治内容。如强化优秀事件的良好影响，号召学生参与并学习；强调不良事件的不良影响，让学生能引以为戒，反省自己。

当今社会是信息化的社会，信息技术在飞速发展，新媒体的影响巨大，其在教育领域中也起着越来越重要的作用。对此，高校教育工作者要充分分析了解新媒体带来的好处和问题，并且针对这些问题进行解决方案的实践。本节仅从校园建设方面对新媒体环境下高校教育工作者的工作模式进行了探究，除此之外，高校教育工作者们还需要提高自身信息素养，只有这样才能更好地提高高校教育工作的质量，才能更好地做到育人、育德。

# 第五章 新媒体环境下高校教育教学改革研究

## 第一节 新媒体与高校课堂讨论式教学

课堂讨论式教学模式在我国高等院校课堂教学中越来越受到重视。新媒体技术的出现和快速发展对高校课堂讨论式教学模式产生了重大影响,特别是对高校课堂讨论式教学中教师的角色转换、学生主体地位的塑造以及教学内容的数量、选择、构成和获取方式影响很大。

课堂教学是大学教学的主要组织形式,课堂教学的有效运行离不开教师、学生、教学媒体和教学内容这些构成高校课堂教学系统的核心要素之间的有机结合与相互作用。随着新媒体的出现与快速发展,传统的高校讨论式教学模式面临严峻挑战。本节将研究新媒体对高校课堂讨论式教学模式核心要素——教师、学生和教学内容的影响,以期对当下我国高校的课堂教学改革有所帮助。

### 一、新媒体对高校课堂讨论式教学模式中教师的影响

高校课堂讨论式教学模式是以课堂讨论为主导的教学模式,因此怎样组织课堂讨论,怎样保证课堂讨论有效进行是高校课堂讨论式教学模式的中心环节。一般来说,有效的课堂讨论式教学模式的运行可以分为三个主要阶段,即讨论前准备、正式讨论、总结评价。在这三个阶段中,教师的作用体现为确定讨论目的、选择讨论题目、制定讨论规则、选择讨论方式;组织、引导、控制讨论过程;及时总结评价讨论结果。显然,在高校课堂讨论教学模式中,

教师的角色已经由传统课堂教学的纯粹知识传授者（兼具管理者与权威者角色），演变为课堂教学的组织者、引导者、启发者、评价者。高校课堂讨论式教学模式改变了传统教学模式中教师和学生的地位，强调了学生在学习过程中的主体性作用。该模式要求整个教学过程都要在教师的具体指导下，充分发挥学生的能动性，让学生通过自我学习、自我教育、自我提高来获取知识和强化能力的培养。这种教学模式把学习的主动权交给了学生，而教师的指导则表现为示范性讲授，平时启发思维，解疑析难等。

新媒体出现以后，新媒体所具有的交互性、即时性、开放性、个性化、分众性、融合性以及信息的海量性、易于传播、检索便捷等特征促进了高校教师角色的转化。

首先，新媒体技术的发展把人类带进了大数据时代。在这一时代，互联网储存了海量信息，高校学生借助新媒体技术可以在任何时间和地点轻易获取。这种情况从根本上打破了传统媒体时代教师垄断知识的局面，使教师在课堂上仅仅作为知识传授者的中介角色发生改变，即教师在课堂上需从文化知识的传播者转变为课堂教学的组织者、引导者、启发者、评价者以及学习和创新能力的培育者，从而加速了高校课堂教学模式从以教师为中心向以学生为中心的转变，为高校课堂讨论式教学模式成为主流教学模式奠定了技术前提。

其次，在新媒体时代，为了保证课堂讨论的顺利进行，高校教师还应成为学生信息能力的培育者。在当今新媒体技术迅速发展和信息资源激增的环境下，高校学生在准备课堂讨论过程中面临着不同种类的、数量巨大的信息选择。他们可以通过图书馆信息中心和互联网等去获取信息，但这些信息往往以未经过滤的形式传递给个人，使高校学生对其真实性、合法性和可靠性产生怀疑，信息质量的不确定性和数量的日益膨胀对大学生认识、评价信息提出了新的挑战。如果没有有效获取、甄别和利用信息所必备的能力，高校学生将无法准备课堂讨论材料和参与课堂讨论。因而，高校教师有义务通过调动学生的学习主动性和积极性，提高他们的信息素养和获取信息的能力，以及充分利用信息资源快速高效地解决问题的能力。

最后，高校教师还应该是新媒体技术进入讨论式课堂教学实践的先行者和倡导者。新媒体技术发展使得随时上网的即时交流变得轻松便捷，微博、微信等工具产生以来，在高校学生群体中受到了热烈的欢迎，它们提供了平等、开放的人际交流平台，符合高校学生渴望受到关注、乐于展示自我的个性化需要。此外，随着校园 5G（第五代移动通信技术）网络和 Wi-Fi 的建设与完善，高校学生上网方式趋向多元化，除了电脑外，还可以使用 iPad、手机等多种方式轻松便捷地上网发布信息和接受信息，进行互动交流。这些都使得将新媒体技术引入高校课堂讨论式教学实践成为可能。这就要求教师不仅要具有良好的专业知识和课堂讲授方法，同时还要能够娴熟地使用各种新媒体技术，包括自行设计结构清晰、内容丰富、趣味性和互动性强的教学课件（如网页文件、演示文稿、动画课件等）；利用微博、微信等工具提供的网络空间，发布各种学习资源，除了提供各种参考资料的链接，还可以向学生提供更多的课堂讨论主题的背景资料。借助微博等新媒体平台可以要求学生开展课前预习、开放式讨论、课后巩固、教学反馈等一系列的教学活动。教师还可以利用新媒体技术创设各种教学情境，调动学生的多种感官功能，使学生的学习更加直观、形象等。

## 二、新媒体对高校课堂讨论式教学模式中学生的影响

高校课堂讨论式教学模式不仅使教师在课堂教学中的角色和地位发生变化，也改变了课堂教学中学生纯粹、被动和机械的知识接受者的地位。在课堂讨论式教学模式下，教师由台前退居幕后，学生在讨论中成为主角。教师的大量工作从课堂的讲授转变成课前的教学情境设计和讨论的组织与评定。这给学生提供了更多选择、参与课堂教学活动的机会，拓宽了学生阅读、独立思考的空间和时间，在最大限度上启发学生对学术问题和未知世界的自由探索，激发学生自主学习的兴趣和主动学习的热情，培养学生的创新意识、研究能力和合作精神。一句话，高校课堂讨论式教学模式大大提高了学生在课堂教学过程中的主体地位。新媒体的出现则使大学生的这种主体地位得到了加强。

首先，新媒体技术提高了高校学生对课堂讨论式教学的参与性，主要表现为：第一，在高校课堂讨论式教学模式下，为了保证课堂讨论的有效进行，学生需对所要讨论的问题进行充分了解。当教师确定完讨论主题后，学生需围绕讨论主题自主查找、分析资料。新媒体技术所具有的信息海量性、易于传播、检索便捷等特征，为大学生自主查找资料提供了可能和多种渠道。课堂讨论式教学活动需要的资料和信息，很大一部分可以通过网络直接获取，大大节省了查找资料的时间，提高了学习效率。第二，提高了高校学生参与课堂讨论的积极性和主动性。高校课堂讨论式教学整个过程以问题的提出与解决为始终，能够诱发学生强烈的求知欲和高涨的学习热情。它符合大学生的心理特征，创造了民主平等的新型师生关系，从而易于调动学生的学习积极性，改变学生在学习中的被动态度，激发学生的学习兴趣，凸显学生的主体性地位，使学生视学习为乐事，主动学、积极学。新媒体技术由于能提供界面友好、形象直观的交互式学习环境，有利于激发学生的学习兴趣、进行协作学习；学生利用新媒体技术根据自己的兴趣爱好，查看有关背景文化知识、趣闻轶事，有利于提高学习积极性，更有利于学生适应当今这个信息化的时代。第三，新媒体技术能够创设教学情境，调动学生的多种感官功能，使学生的学习更加直观、形象，有利于教学的开展。利用新媒体教学工具，教师可以就教学内容设计出富有趣味性、探索性、适应性和开放性的情境问题，并为学生提供适当的指导，通过精心设置，巧妙地布置学习目标任务，让学生产生认知困惑，通过形成认知冲突强化对新知识新内容的接受度。

其次，新媒体帮助学生快速实现从被动学习向自主学习角色的转变。现代教育理论认为，教师和学生是教育活动中的两个基本要素，学生是受教育者，但不完全是被动接受教育的，具有主观能动性，一切教育的影响必须通过学生的积极主动性才能达到预期的效果。课堂讨论式教学模式强调以学生为主体、以教师为指导、以学生自主探索为主线、以问题解决为目标。这与自主学习的含义基本上是一致的。自主学习并不等同于独立学习，其表现为一种自我意识上的主动学习。从学习的角度看，自主学习能对学习的各个方面自觉做出选择和控制。新媒体通过自由、平等、快捷的传播氛围，引导大学生分享智慧、探究真理，能够充分地调动学生的主动性和积极性，这也成为自主学习的理想状态。例如，新媒体环境下，学生自学模式突破了看书或翻阅笔记获取知识的唯一渠道，他们根据自己的需要，在合适的时间、合适的地点、合适的条件下，反复利用网络点播、观看多种资源，包括教师的教案、参考资料等丰富的背景资源，同时可以把有价值的资料下载、复制、加工、打印出来，以便个人保存。也可以自行考试，自己设计，模拟实验，机对机讨论，让学生真正成为学习的主人，从而建立了一种综合性、创造性、灵活性极强的自主性学习模式。

最后，新媒体技术为大学生的个性化学习提供了条件。个性化学习是以学习者为中心的自主性学习。就大学生的个性化学习而言，学习者本身已经具备主体性学习的意识，其学习行为的自主性尤为明显。大学时期是个性化学习策略实施的最佳阶段。大学生的个性化学习行为可以离开教室，离开专任教师的指导，不受时空限制，学习手段和学习过程更加灵活。只要学习资源和学习环境具备，就可进行自主性的个性化学习。个性化学习注重学生的个性化培养，尊重学生个体，充分发挥学生的兴趣特长，为每个学生量身打造不同的学习计划，充分挖掘学生自身的潜力。因此，个性化学习是高校创新型人才培养的必然选择，与高校课堂讨论式教学模式的目标基本一致。

新媒体环境下，新媒体技术所带来的信息的海量性、易于传播、便于检索等特征使个人为任何目的获取有用信息、在任何时间和任何地点学习以及掌握学习的主动权和控制权成为现实，从而为高校学生的个性化学习创造了条件。在新媒体技术的影响下，海量知识的分享和有效共享成为时代发展的典型特征，知识的获取已经变得非常便利，个性化的资源服务体系已经形成。几乎每所高校都有网络学习资源平台，其中包含文献资料、图书视频、外语学习、专业课程等电子图书馆、电子阅览室等学习资源，凡是学生所需的各种资料，高校几乎都会实现资源共享。新媒体环境下，个性化的学习资源已经创造了"按需选学"的个性化自主学习条件，个性化的学习环境已经具备。同时，新媒体的普及性、灵活性和互动性使线上线下自主学习可以相互促进、相互渗透，给大学生个性化学习方式提供了多种选择。学生能依据自身需求，与其他人建立起联系，并进行沟通。知识关系网络除了可以建立人际关系网以外，还可以产生知识语义网络，学生可以根据自己的兴趣、爱好建立一定的学习圈子、兴趣圈子和互助圈子，在这个圈子里可以找到其他的学习者、知识的发布者、媒体的编辑，以及这一领域的权威，更重要的是可以和专家交流。同时圈子内部可以在某个时间内共同确定学习目标、内容和方法，通过圈子内部交流进行评价和反馈，自主控制学习过程。

## 三、新媒体对高校课堂讨论式教学模式中教学内容的影响

此处的教学内容主要是指高校教师在课堂讨论式教学模式运行过程（讨论前准备、正式讨论、总结评价）中向学生呈现和传递的一切材料和信息。新媒体的出现使传统媒体环境下课堂讨论所涉及的教学内容，无论在数量、选择、构成和获取方式方面都发生了重大变化。

首先，在教学内容的数量方面，新媒体已将人类带进了所谓的大数据时代，信息具有海量性。和传统媒体中报纸、电视、广播的版面或者时间是有限的不同，数字化网络媒体的容量从理论上来说是无限的。互联网进入 Web 2.0 时代以后，Web 2.0 网站的内容通常是由普通用户发布，使得用户既是网站内容的浏览者也是网站内容的制造者，人人都可以成为信息源。网络媒体又具有超文本和超链接功能，可以将各种载体上的信息以及各种类型相关信息聚合链接起来，使网络信息的内容在理论上具有无限的扩展性和丰富性。这就注定了其信息空间的无止境，可以满足各方面人士的需求。这也为高校教师在课堂讨论式教学中向学生提供更有价值的教学内容和学生的自主学习提供了更多的选择。

其次，在教学内容的选择和构成方面，在传统媒体和互联网 Web1.0 时代，高校课堂讨论式模式中的教学内容主要由教师选择并单向提供给学生，学生只是被动的接受者。教师选择的教学内容主要来自各领域权威者提供内容的图书馆，即使是在互联网 Web1.0 时代，由网络或图书馆提供的教学内容虽然已经数字化，但并没有改变这些教学内容主要由权威者发布和教师选择的性质。互联网进入 Web 2.0 时代后，Web 2.0 网站为用户提供了更多参与的机

会。例如，博客网站和 Wiki 就是典型的用户创造内容的网站，而 tag 技术（用户设置标签）将传统网站中的信息分类工作直接交给用户来完成。在此情形下，如果教师选择的教学内容来源于网络，教学内容就可能是由权威者和包括学生在内的普通网民共同提供，只是包括学生在内的普通网民在网络上分享的知识可能仅仅是针对某个非常具体的知识点或者问题。

最后，新媒体为学生获取课堂讨论的教学内容提供了便利。和传统媒体时代学生获取教学内容主要通过课堂形式不同，借助于新媒体技术，学生可以在任何时间、任何地点获取教学内容。例如，在 Web 2.0 环境下，学生可以利用即时通信、手机、博客、微博、微信、邮件等随时随地获取教学内容。和 Web1.0 不同，这些终端是整合在一起的，因此用户很难察觉到通信对方的终端的变化，这就更有利于师生之间的交互。另外，在 Web 2.0 下普通学生也有可能和相关领域专家进行交流，学生也更容易参加虚拟的讲座或者会议。

## 第二节　新媒体环境下的高校教学资源变革

新型的移动互联网与各种智能移动产品在生活中正发挥着越来越重要的作用。"新媒体"已成为传媒界中最火热的话题，同时也成为最流行的生活方式。目前，无论中小学还是高校，都在结合新媒体环境进行教学活动和人才培养，新媒体已对传统的教学模式产生强烈冲击，高校的教学资源正发生着快速变革。因此，如何利用好新媒体的良好发展趋势进行高校教学和人才培养，是现阶段研究中的重要课题。

### 一、新媒体环境下的高校教学资源变革

#### （一）新媒体的发展背景

新媒体是随着教育数字化、教育信息化的发展，运用各种各样的媒体技术手段，通过各级各类教育资源的相继融合，快速生长的新型媒介形式。对于新媒体的定义，国内外专家的观点大同小异。联合国教科文组织曾经对新

媒体下过一个定义：新媒体即网络媒体。同时，国内外学者将其定义为"以数字技术为基础，以网络为载体进行信息传播的媒介"。

与传统媒体相比，新媒体有许多特别之处。首先，新媒体利用图片、声音、视频等手段，全方位地为接受者提供信息原貌，还原最真实清晰的信息。其次，新媒体的传播形式不受时间、地点限制，接受者可通过手机、网络随时随地进行信息接收，及时有效地传播信息。最后，新媒体具有较高的交互性和个性化，人们可根据自身要求对信息进行筛选，通过个人需求制定传播模式并及时反馈，把不同人的不同想法进行汇总，进行思想碰撞，进而产生新的观点和想法。

新媒体的发展推动了终身教育思想，对高校教育、成人教育、社会教育产生了一定影响，尤其凭借其表现性、交互性和智能性丰富了课堂教学，为高校教育带来了巨大变化。

### （二）新媒体环境下新技术与高校教学的整合

在传统的高校教育中，教师灌输给学生知识，学生安静地听课，知识仅仅是单向的传递过程。在高校教学中引入新媒体技术，不仅改变了传统的教学方式，同时也为教学资源的建设提供了更广阔的发展前景。

在高校教学研究中，将新媒体技术作为研究的主要对象，对新媒体的分析更加透彻，在看待新媒体技术的问题上也更加全面，使得高校教学与新媒体的整合有着更清晰的脉络，高校教学更具多元化。

## 二、新媒体环境下高校教学资源建设的发展

### （一）高校教学资源的表现形式

数字化、信息化形式是新媒体环境下信息资源的主要表现形式。高校的硬件设备齐全、资源多样，如网络教室、语言实验室、微格教学系统、虚拟现实教室等。大学生自主在互联网上进行线上学习、随堂听课、及时反馈，基于机器进行自动评分和定期开课，利用互联网和FTP服务器及FTP客户端

上交作业，这些都为大学生的学习提供了便利。数字媒体是高校教学资源形态结构的一种类型，新媒体传播技术的发展使信息化教学模式变得可行和现实，把知识传授的过程放在教室外，使学生在课下接受新知识；把知识的内化过程留在教室中，以便上课时能有更多时间进行沟通和交流。教师的责任是解决学生遗留的问题并引导学生运用知识，高校的教学活动存在于一定的时空中，在时间上表现为教、学活动的安排方式，空间上表现为教学理论、教学目标、教学活动中的师生地位及其关系。

## （二）高校教学资源的交互平台

在网络化的信息交流平台中，信息平台具有融合化、移动化及宽带化特点。线上平台建设也很重要，可为教学资源共享提供可能的条件，是高校教学资源的基本属性，对于分布不合理资源、建设重复的高校资源都能得以有效解决，使得高校资源配置更加合理，结构资源更加优化，高校教学资源得到充分利用，资源价值得到充分提升。网络的发展以及科技的进步也促进了资源的发展，将新媒体教学融入到各个领域中，借用信息技术有效传播信息内容。网络平台是交流平台的主体，它决定了信息交流的多维度和自由性，并充分保证了资源共享及教学实践应用。

随着MOOC和微课的发展，有效发挥交互平台在教学资源建设中的作用十分重要。教师通过线上教学和远程教学，使学生可以随时随地进行学习、访问，把疑难点在线反馈给教师。这种媒体教学模式是网络教学的一种重要形式，学习者可通过网络随时学习课程，对于不懂的知识，可进行暂停、后退、前进等控制。目前，高校热门课程师资紧缺，基于新媒体技术的实时网络同步授课，可使不同学校之间实现资源共享，获得较好的教学效果。大学生在线学习平台为学生提供了便利，"数字学校"方便了学生查找自己的成绩和复习资料，同学之间也可以相互交流新知识进行学习，真正做到了资源共享。

## （三）新媒体教学资源对大学生学习方式的变革

移动式学习：在 Wi-Fi 以及 5G 上网越来越普遍的新媒体传播时代，新媒体使大学生摆脱了时空限制，在课堂以外，随时随地都可利用新媒体工具查阅学习信息，进行资源共享，更好地实现并完成自主学习。

跨国交流：高等教育国际化的趋势不断增强，越来越多的海外学生到中国求学，同时，越来越多的中国学生选择出国留学。在这样的大趋势背景下，大学生应积极增强跨国交流意识，学习跨国交流技巧，最重要的是了解新媒体的特点及信息传播方式，借助新媒体进行跨国信息传播。

微学习：由于新媒体技术的发展，微视频、微课程等微学习方式也如雨后春笋般发展起来，为此，国外许多名校都设立了"微学位"。微学习是一种可利用移动通信设备实现双向交流的学习方式，可实现任何时间、任何地点的学习。微学习提高了学习的时效性，使学生从传统的线性学习方式中跳出，实现了跳跃、无序的学习。

## 三、新媒体下高校教育资源的利弊

### （一）新媒体下高校教育资源的优点

高校应培养具有技术、知识和创新三方面素养的应用型人才。在新媒体环境下培养应用型大学生时，应以技术和知识为主要基础，注重培养创新精神。因此，培养应用型人才必须加强高校教学管理，提高高校课堂的教学质量。运用新媒体环境来帮助教师更好地完成教学工作，使学生能够更好地自主学习。新媒体的出现，使高校教学资源更具多元化，更利于培养复合型人才。如何才能将网络正确地引入课堂，不仅是技术问题，还需要考虑如何使教师和学生运用现代新媒体技术更方便快捷地进行学习。这种全新的理念也作用于传统学习方式与媒体手段之间的问题，使得传统的"学媒之争"转变为"学媒共存"，在新媒体数字化时代，大学生学习方式依托的多种媒体技术促进了学习模式的变革，目前的大学生更多的是通过非正式的学习方式获取知识，这也充分发挥了新媒体在教育中的作用。

## （二）新媒体下高校教育资源的不足

新媒体环境是一把"双刃剑"，人们在享受新的科学技术为生活提供便利的同时，也要关注它对大学生产生的危害，大学生是受新媒体环境影响最为严重的群体，这与中国的教育制度有着密切关系。我国学生普遍存在学习压力较大问题，来自高考的压力使家长尽量制止学生使用互联网和移动终端设备，这也使新媒体环境对大学阶段前学生的影响被大大削弱。

在信息时效性极强的今天，我们接收的信息中，80%以上是通过新媒体的传播方式进行传递。新媒体的出现，使大学生从主体逐步转为个体，越来越多"宅男""宅女"的出现使大学生的核心价值观受到冲击。教师上课期间，学生也会被手机等通信设备吸引，频繁用刷微博、刷新闻、聊微信等方式消磨时间。当然，任何事物都有两面性，因此，培养高校大学生对新媒体的正确认识十分重要。

新媒体的普及与应用直接改变了大学生，进而改变了高校教师及其教学资源，以及教学理论和应用。新媒体环境下高校教学研究要提倡师生平等、开放互动式的教学资源创新，培养复合型、全能型人才。此外，在新媒体环境下，要求高校教师在扩大视野的同时要积累和总结教学经验，除了具备开发教学资源的能力，还要适应从"主导人"到"引导人"的转变，并在今后的教学实践中探索有效的教学方法。

# 第三节　新媒体时代高校校园媒体融合工作

对新媒体条件下高校宣传工作进行多方面研究，进一步把握新媒体时代高校宣传工作的新规律，是高校宣传工作者面临的紧迫而严峻的课题。面对新形势和新要求，高校网宣工作要推动校园媒体发展与育人工作的高度融合，在高校思想政治工作和"大思政"工作格局中发挥生力军的作用，不断巩固和增强育人的协同性、时效性、引导力。本研究立足新媒体发展的大背景，着眼于当下高校校媒发展及其趋势。理清高校校媒工作的内在机制，探索高校宣传工作的新观点、新思路、新方法，提出高校网宣工作模式与工作方案，构建多元化分层级的矩阵式校媒融合管理工作机制，为高校宣传工作创新提供新的保障，为思政与品牌建设工作提供新的路径。通过"高校校园媒体融合发展"的管理模式及其运行实施，在高校宣传工作中起到了良好的效果，为高校校媒融合发展提供新的思路。

## 一、新媒体时代高校校园媒体融合工作现状

### （一）研究背景

移动互联网技术的快速扩张，彻底改变了受众接受信息的习惯，言论发表也更加自由，这使得网络新媒体在高校学生中被普遍应用，呈现出"无人不网""无处不网""无时不网"的生活状态，这既为传播主流思想舆论提供了形式多样的载体和平台，也使互联网成为思想舆论斗争的主阵地。而互联网的发展推动整个社会的变革，深刻影响到高校大学生。大学生的思想具有开放性特点，容易接受新鲜事物。现如今，网络媒体对青年思想观念、生活方式、表达方式等带来全面改观，高校学生成为网络思想舆论争夺的重要群体。新型媒体技术的研究与开发层出不穷，进一步提升了信息时效性以及多样性，产生具有功能多样、发布信息容量大、速度快、传播面广等特征的网络新媒体及具有自主应用与开发功能的微平台。互联网技术的发展推动人类社会进入以信息化为特征的新媒体时代，新的时代背景引领了新的思潮，以传统模式为基础的宣传工作思路与方法面临着无法适应新时代特征的风险。高校校园媒体是大学生获取信息的重要渠道，是高校立德树人的重要载体，是高校全面落实"三全育人"工作的重要内容。构建新媒体时代高校校园媒体融合工作模式，不仅丰富了高校校媒工作的理论积累，也能为高校宣传开辟网络思想引领阵地提供有效参考。创新高校校园媒体融合工作模式，可以有效助推互联网思维与高校思想政治教育的有机结合，加快实现融媒体时代高校网宣工作育人功能的时代转型。

## （二）研究现状

针对新媒体时代高校校园媒体的研究工作已经展开，但相比其他课题，此类研究的研究成果并不是很多。从目前情况看，现有研究主要体现出以下几个特征：一是对高校传媒工作进行就事论事的简单论述，缺乏对整体工作思路与方法的构建；二是以实务性研究为主，缺乏对高校传媒工作的理论研究；三是大多数的研究受制于管理模式的束缚，导致媒体融合的形式大于内容。诸多网络领域与其他工作相结合的模式已经形成了完备的理论框架与完整的实施方案，这是目前高校校园媒体融合发展模式领域所缺少的，也是高校媒体融合领域在未来的研究方向与研究趋势。因此，在未来针对高校校园媒体融合的研究趋势应该是：一是强化理论分析，构建理论框架，解释互联网与高校媒体之间相互作用的内在机理以及高校媒体融合模式的基本规律；二是全面构建以高校宣传工作协同模式管理体系，以整体实施模式为方法论的整体实施模式，以及子功能的实施模式。

## 二、构建新媒体时代高校校园媒体融合工作模式

新媒体时代高校校园媒体融合工作模式的构建，需重点解决以下问题：一是新媒体在思政领域应用实践的前提下，如何将教育经验以及思想教育理论进行对接，抽象出具有方法论意义的新媒体平台工作模式研究理论；二是在新媒体平台的功能多样化与大学生思想差异化下，如何梳理功能与对象匹配的多点对应关系，使新媒体时代高校校园媒体融合能够在针对不同群体与教育任务中充分发挥引导作用；三是在新媒体平台功能与教育对象需求对应关系明确的基础上，如何以新媒体平台为载体进行多维度的教育活动设计，实现线上教育功能与线下教育活动的衔接；四是在线上线下联动的思想教育的开展中，如何构建多层次的教育管理体系与监控机制，落实思想教育成效的同步追踪与同步纠偏。

### （一）高校校园媒体融合发展模式的理论研究思路

随着改革开放进程的不断深化，意识形态领域的斗争更为激烈与错综复

杂。高校校园媒体是开展大学生思想引领工作的主阵地。当代大学生是伴随互联网发展成长起来的一代，独立、进取、个性是其普遍特征，表现出成长需求的多样性，较强的功利主义色彩，压力增大，安全感降低，易受社会现象影响，对各种社会问题有自己的见解与看法。互联网对大学生学习、生活、工作、娱乐的影响和渗透日益显现。本研究结合"微信""微博"，通过对有关数据的处理分析和调研情况的汇总研究构建"微视点＋微讲堂＋微论坛＋微公益"的宣传教育平台，将各项工作纳入高校校园媒体工作整体框架，发掘大学生便于参与、乐于交流的渠道，使其成为高校教育、引领、服务的重要平台。通过"线上有监管、线下有活动"方式积极设计"寓乐于教"的网络工作方案及工作项目，形成高校校园媒体融合发展模式的总体工作思路，为新媒体背景下高校校园媒体模式的实现体系提供保障与指引，凝练形成理论框架，为完善实现体系与管理方式提供理论依据。在理论思想的基础上提出包含工作原则、工作理念等方法论层面的高校校园媒体融合发展模式的总体实施思路。

## （二）高校校园媒体融合发展模式的管理体系

高校校园媒体融合发展模式的实施需要管理体系的保障与支撑，通过设计由管理组织体系、管理制度体系、互联宣传平台体系三个相互支撑、相互嵌入的要素，构成高校校园媒体融合发展模式的三位一体的管理体系。在组织层级方面，在校、院领导下，整合高校宣传工作的系统合力，做到分层负责、分类指导。针对校宣传工作顶层管理部门、学校宣传工作职能部门、学院及其他职能部门的宣传工作岗位，分层进行层级职能设计。在工作内容方面，以更加灵活高效的方式开展丰富多彩的活动，主动占领新媒体阵地，利用高校校园媒体组建网络舆情队伍，进行网络宣传，实施"网格化管理，组团式服务"，通过大数据分析高校大学生的上网特性，不断加强与大学生的交流、互动和引导。在工作途径方面，充分利用网络信息传播扁平化、交互式、不受空间限制的特点，通过微博、微信、QQ群等发布充满正确政治观念和主流意识形态的信息，以此来强化特定学生群体的政治引导和思想教育，由面至点，帮助学生树立正确的价值观念，让大学生的日常生活充满正能量，重点设计管理体系三要素内部的层次与维度及其运作方式。

### （三）校媒融合的工作模式与方案

网络具有多元的特点，开放的网络信息浩如烟海，良莠不齐，对于正处于信息饥渴期、辨别能力较差的青年学生可自主选择信息，但是由于缺乏有效的引导和信息筛选，青年学生选择网络信息往往容易出现偏差。要充分发挥大学生党员、学生骨干的模范带头作用，选拔思想政治立场坚定、品学兼优、在学生中有影响力和号召力的青年领袖，共同维护好校园网络的舆情信息安全稳定，构建分层管控与师生联动、部门协同与优化配置、保证时效与提升质量、拓展源头与主动推广的校媒融合发展的实施模式，依据实施模式制订总体实施方案，整合总体实施方案的要素形成。

## 三、课题研究的实施结果分析

### （一）高校网宣工作协同模式增强了宣传工作的协同度

通过高校网宣工作协同模式的应用，改变了高校原有各媒体平台各自为战、缺乏统一管理和有效链接的现状，将校报、广播台、新闻网、宣传栏等传统校园媒体与微博、微信公众号、易班等新媒体平台的资源和力量进行整合，将校级媒体、各部门和二级学院媒体以及学生社团媒体等协同联动，大大提高了高校宣传工作的统一性和协同度。通过对信息搜集、编辑发行、信息发布、技术保障等多个环节明确责任又相互配合、融为一体，形成信息的"一次采集、多种生成、多元传播"的高效模式，实现了宣传资源的集约型高效整合。而在信息发布方面，不同校园媒体有分工合作、集体发声、互动"帮推"，在统一谋划下，可以实现多点发声、多端接力、梯次发布、网状传播，形成信息发布矩阵，营造信息传播声势。在整合现有宣传队伍的同时，充分发挥高校综合人才储备的优势，形成宣传工作的专业智库支持。在综合类院校，计算机类、艺术设计类、文学类、传播学等师生资源为高校宣传工作提供了强大的智力支持。

### (二) 高校网宣工作协同模式提高了宣传工作的时效性

通过高校网宣工作协同模式的应用，使高校宣传工作信息的来源更加充分，传播渠道更加通畅，裂变式的网状传播方式大大加快了信息传播速度，使信息能够在高校师生之间更快地扩散。而高校网宣工作协同模式的管理体系能够让高校媒体紧跟社会关注的时事热点以及学生关注的焦点，对获取的信息第一时间做出反应，使校园媒体能够在第一时间引导校园舆论，掌握主导权，从而使高校宣传工作时效性更强。同时，高校网宣工作协同模式的全员参与性，让更多的师生加入舆情工作队伍，使舆情反馈渠道更加通畅，做到第一时间知晓、第一时间反馈，通过新媒体的互动交流功能让正能量迅速掌握话语权，把负面舆情消灭在萌芽期。

### (三) 高校网宣工作协同模式加强了宣传工作引导力

通过高校校园媒体融合发展实施模式的实践运行，为高校宣传工作提供科学指导，提高了高校宣传工作的效率，优化了资源的合理配置，提升了素材的质量与丰富性，充分体现高校校媒"以人为本"的工作理念，从而构成强渗透、全方位、多层级、互动性、广覆盖的高校校园宣传工作与舆论引导的矩阵网络格局。工作机制的分层级管理体系形成了合力发挥宣传的作用，各部门发挥协同作用加强了高校舆论宣传力度，丰富了宣传素材的热度和深度，提高了宣传工作的影响力，进一步强化高校大学生意识形态建设，不断增强高校思想政治工作教育的力度，形成良好的校园舆论氛围。

## 第四节 翻转课堂与高校教育教学改革

翻转课堂作为一种网络新兴互动式教学模式已经开始运用到国内外教学当中。大学英语教师应借助国内外一流的教学资源，借用新媒体协助设计高校课堂教学的新模式，实现高校课程教学模式改革。本节介绍了翻转课堂的由来和发展，以及翻转课堂在目前高校教学中的应用情况，提出了翻转课堂在高校教学中的教学模式的设计及一些思考。

## 一、翻转课堂的由来及发展

"翻转课堂"（Inverted Classroom 或 Flipped Classroom）是一种混合使用现代互联网技术和师生积极参与活动的教学环境。在翻转课堂中，典型的课堂讲解时间由实验和课内讨论等活动代替，而课堂讲解则以视频等其他媒介形式由学生在课外活动时间完成。"翻转课堂"的概念源自于21世纪初的美国，萨尔曼·可汗（Salman Khan）加以推广，萨尔曼·可汗曾获得麻省理工学院数学学士学位及机电工程和计算机科学两个专业的硕士学位，后又取得哈佛商学院工程管理硕士学位。可汗在为亲戚辅导课程的过程中，自己录制了教学视频，收获巨大。之后，为了让更多孩子获益于这些辅导资源，可汗将其制作的教学视频通过 YouTube 网站发布。可汗特意将视频的长度控制在10分钟之内。很快，这种网络视频和教学方法引起了很多人的关注。这种将课堂内外事务"翻转"的做法是翻转课堂的雏形。"翻转课堂"模式对高校各种课程教学而言非常有意义，同时也是高校课程教育改革和发展的目标和方向。

## 二、翻转课堂在高校教学模式应用的必要性

### （一）教育信息化大背景

教育信息化是国内各所高校教学改革的重要方向。在2012年，教育部就提出了《教育信息化十年发展规划（2011—2020）》，之后教育信息化的改革高歌便唱响了全国各所高校。改革要求高校教育与现代信息技术的密切结合，深化高校教学模式改革。现代信息技术的发展为"微课""慕课"等翻转课堂新模式的推行提供了有力的技术保障。信息技术的飞速发展也使得学生不再满足于用传统的施教方式"啃书本"，填鸭式灌输知识，应付式对待考试，等等。因此，高校教学模式改革呼之欲出。教育现代化为翻转课堂的推行提供了信息技术保障。

## （二）"以学生为中心"的教学理念的推广

传统的教学模式多是"以教师为中心"，但是随着教学改革的步步深入，随着以信息化技术为代表的现代科学技术日新月异的发展，教育界的声音普遍转向了"学生才是课堂的主体和中心"，教师仅仅是整个教学过程中的指导者、引路人、评价者。学生才是知识的探索者，主动参与者。但是学生探索知识的过程，需要老师的指引、带领，才能少走弯路，更好地完成学习任务和目标。因此，教师如何将"以学生为中心"的教学理念贯穿于课堂教学中成了每位教师都应该认真思考的问题。翻转课堂为实现"以学生为中心"提供了很好的教学模式。

## （三）学生的学习习惯和学习要求的改变

随着互联网技术的发展，计算机、平板电脑、智能手机等新科技产品的普及，学生的学习方式、学习习惯和学习要求都发生了很大的改变。学生的学习不再仅仅依靠书本，而是会运用互联网和手提电脑、智能手机、学习软件、社交软件等方式来辅助学习，达到更好的学习效果。单一的书本知识很难吸引经常在网络上接受立体化呈现信息的当代高校在读学生。翻转课堂可以激发学生的学习潜能和积极性，顺应学生运用互联网和现代信息技术设备学习的潮流，达到更好的学习效果。知识的输入，特别是重点难点的输入可以让学生自学完成，知识的输出，可以在课堂完成，教师在课堂内外给予指导和及时评价，与学生的学习兴趣和学习方式的转变一拍即合。

# 三、翻转课堂在目前高校英语教学中的应用

现阶段，高校教学翻转课堂大致可分为两个阶段——课堂前与课堂上，笔者认为在大学英语的教学过程中可运用翻转课堂，将其更具体地分为以下三个阶段：课前、课中和课后。

## （一）课前

第一，向学生公布并仔细分析课程学习任务书，使学生明确了解所学课程的教学目标和学习目标。第二，考虑到学生为不同学习基础的教学对象，可以初步尝试分层教学，因此课程教学老师通过网络收集好课程相关学习资料后，本课程教师还要根据学习资料的难易程度将教学视频进行分类。在要求学生观看学习视频的同时，教师要根据教学目标给学生布置相关学习任务，并要求学生自我检查学习任务完成情况。第三，老师要求学生在观看视频学习的过程中做相关笔记，总结知识点和记录学习疑问以供课堂讨论，发现学习中的重难点。学习视频的收集可以通过各系及教研组集体备课时，由备课组组长进行分工，老师利用课余时间收集完成。再开会进行讨论、分类，最后确定每门课程的视频学习资料。

## （二）课中

上课前，老师已经将英语教学重要内容通过网络方式把学习视频传递给了学生，教师在课堂上需要对学生课前的自学视频的学习效果进行测评和评价。对测评结果的评价分析总结，组织学生对课前视频学习没弄懂的地方提问，在课堂上完成相关课程的教学目标、教学任务。课堂上，老师还可以提供一些跟学习内容的重点难点相关的问题，学生容易混淆的问题，考试常考的问题，作为课堂教学内容的补充，鼓励学生思考问题，并引导学生自己找到答案，这样课堂难点重点知识点就更容易被学生掌握消化。

## （三）课后

每次上课后，教师可借助信息化网络手段，如短信、QQ、邮件、微信等手段与学生联系沟通，获得学生的反馈和存在的疑问，老师可以得知学生对哪些知识还存在疑问，同时反思自己的课程安排和设计，不断完善授课教学视频的选择及教学方式和手段，使得翻转课堂的效果越来越好。学院可以要求各系各课程老师建立QQ群或者微信群，更方便师生课内外各种形式的交流沟通和学习。在互联网平台上，各任课老师上传各种音频视频资料，包括

PPT 和 Word 文档讲解具体的知识难点和重点。老师多和学生通过互联网平台交流沟通，更容易让学生对老师产生信任，激发学生的学习兴趣，培养师生感情，形成更好的师生关系，达到更好的教学效果。

## 四、翻转课堂在大学英语教学中的教学模式的设计

### （一）翻转课堂体现新的教学结构和教学理念

翻转课堂更注重学习过程，由"先教后学"转为"先学后教"，对学习结果的测评采取了结合网络手段等更为灵活的方式进行。课前，老师收集课堂教学相关视频，并对视频进行分类，根据视频的难易程度，在英语教学中实现分层教学，在课堂教学中对所有学生进行统一指导。具体知识点的传授是学生在课前自己完成的，课前老师不仅需要提供各类视频资料给学生自学，还要对学生的学习通过微信、QQ、短信息等方式进行在线指导。知识点的吸收消化，疑难解答是在课堂上通过师生互动完成的。翻转课堂新的教学结构包括老师与学生的沟通，学生之间的沟通，同时提高了这种沟通效率和效果。

### （二）微视频

微视频的录制需要考虑教学目标，教学设计，教学重点难点，学生的分层情况，练习作业，考试方式等，因此，个别体现教学特色的视频可以由教师个人来设计完成，但是通常情况下，整门课程的系列微视频则可以通过学院集体购买或者协作分工的方式完成。翻转课堂不能仅仅理解为"课前观看微视频＋课中讨论"。

### （三）高校课程翻转课堂的整体设计

学院想要通过翻转课堂提高教学质量，需要对学院所开设的所有英语课程组织进行统一设计，而不是任由各个课程单独自行组织。教学设计上，上课前，学生先要观看教学视频，然后要进行导向性练习，上课中，学生先要快速完成少量的测验，接下来通过解决问题来完成知识的内化，最后要进行总结和反馈。

### (四)教学策略设计

准时评价策略。教师对翻转课堂课程的评价可以通过网络形式完成,也可以通过其他形式完成,比如课堂提问、每周或每月小测验、课后练习、听写等。准时评价策略能使教师及时了解学生掌握知识的程度,并相应调整教学设计和教学进度,以达到更好的教学效果。老师可以将整个翻转课堂全部在课堂上完成,尽量不占用或者少占用学生课外时间,课堂上就给出时间让学生自学教学内容(自学方法如下:手机网络查询,老师播放教学视频、小组分工合作查阅参考资料等),自学时间结束后,教师再对知识重难点进行讲解、总结,并对学生的表现进行及时的评价,这种新型的课堂教学模式就是课内翻转。这种课内翻转模式和平常理解的翻转课堂模式的区别存在于翻转所需的时间更集中和有限,不需要利用课外时间进行学习,占用学生课外时间较少。

## 五、对在高校课程实施翻转课堂的一些思考

学校要对所有课程进行统一设计,而不是某节课某位老师的单独调整。整门课程的整体统筹规划很重要,因为学生每天高效学习,集中精力学习的时间是非常有限的,假设学生一天学习所学的每门课程都有翻转课堂的课外学习任务,学生就会明显感觉学习负担很重,最终可能会严重影响学生的学习效果。因此老师布置的视频文件所需要的时间总量要进行科学的控制。课前观看视频,是为了课堂效果最好,课堂效率更高。因此,课前视频的选择一定要谨慎,内容要恰当,数量要合适,这样才能够很好地为课堂教学铺路。

要发挥整个高校优秀专业的优势,借助专业的教学设计团队来设计优质教学资源,通过共享优质教学资源,使更多优质教学资源进入实施翻转课堂的学校和专业。这种共享合作的模式既可以保证微课程的质量,又可以保证教师可以将更多的精力投入到翻转课堂的其他教学设计过程(课堂组织,课堂交流,课堂评价等)中去。翻转课堂的教学质量得以保证了,才能促进翻转课堂的普及及其发展。

# 第五节 新媒体环境下高校思想文化建设

思想文化对高校的长远发展以及日常教学等均具有重要意义。一所高校只有具备良好的文化氛围、正确的思想导向才能培养出一批又一批的优秀人才。然而，近年来新媒体技术不断发展，高校的教学模式也因此发生了巨大的改变。在本节内容中，笔者将从新媒体视角出发，简要研究高校思想文化建设，力求为各高校思想文化的建设提供有效的理论依据。

## 一、高校思想文化建设的意义

高校思想文化是校内的广大教职工以及学生、教师在长期的生活与学习过程当中所积累下来的。浓厚的文化氛围与正确的思想导向对高校在校学生的人格塑造、人际交往能力培养以及校内的学风建设等方面均具有重要意义。文化对每一个人而言均具有潜移默化的重要影响，健康、积极的校园文化对学生爱国情怀以及社会责任感的培养具有重要的作用。从学校层面来说，重视高校思想文化建设，对教学效率和办学质量的提升具有重要的促进作用。因此，各高校应以优秀文化为主导，加强思想文化建设，引领正确风向。

## 二、新媒体给高校思想文化建设带来的机遇

### （一）为高校思想文化建设提供载体

新媒体相较于传统的传播媒介而言具有多项特点，主要有信息量大、互动性强、传播速度快，等等。各高校在进行思想文化建设时，可借助新媒体技术对文字、视频、图片及音频进行整合，以便于文化的传播。以新媒体为载体进行文化传播，不仅能提高传播效率，还能加强文化传播的多元化和感染力，进而促进教育与文化相融合。举例说明，在新媒体背景下，各高校可以充分利用新媒体技术，对现有文化进行整合，借助电子信息形式将其传送至教育平台，学生可在教育平台上观看这些内容并将其分享给自己的好友。

如此一来，不仅能够增强文化的魅力，为学生树立正确的思想导向，文化在传播的过程当中也能充分展现其价值。

### （二）促进高校文化建设对外开放

在新媒体技术并不发达的时代，社会各界对于高校生活的关注度并不高。而学生生活、教师教学也是处于一种相对闭塞的状态，双方的观念无法及时更新，导致高校文化建设效率不高。而新媒体的广泛使用从一定意义上来说，可以被认为是对高校教育管理模式的一种创新，在新媒体背景下，外界信息与高校文化之间实现了无缝连接，二者之间可以相互交流、相互借鉴，高校思想文化建设也逐步呈现出社会化的发展趋势。在实际教学过程当中，教师在教授书本知识时可充分结合时事热点、时政新闻等，用现实生活当中发生的案例来进行教学，不仅能够提高学生将所学知识应用于实际的能力，还能让学生与社会接轨、适应现有的社会环境。

## 三、新媒体背景下高校思想文化建设的策略

### （一）促进传统媒体与新媒体融合

新媒体与传统媒体二者各有利弊，因而在工作过程当中我们不能以偏概全，而是要促进二者融合并取长补短，为高校思想文化建设奠定良好的基础。所以，在实际教学过程当中，不可因为新媒体的出现便摒弃传统媒体。传统媒体发展至今已有多年历史，它的存在必定有存在的道理，所以我们应该借助新媒体技术弥补传统媒体传播的不足之处，推动思想文化建设发展，而非一味地否定。在过去，各高校在传播文化时都是以传统文化为基础，在新媒体时代也需重视传统媒体的这一优势，推动传统文化与现代文化有效融合，增强中华文化的独特魅力，从文化层面上为学生树立正确的人生导向。此外，新媒体具有较为广阔的发展前景与发展空间，且新媒体具备自由性、互动性等多项特点，在利用新媒体进行文化传播的过程当中难以监管，极易出现一些不健康的负面信息，而这些负面信息会直接影响学生的人生观、价值观，

不利于高校的思想文化建设。所以，在新媒体背景下，各高校应对新媒体有详尽的了解，充分分析其优势与弊端，借助新媒体技术为学生树立正确的榜样。不仅要优化新媒体背景下信息传播的环境，更要帮助学生树立正确的是非观，对其上网行为进行规范。也就是说，高校在进行思想文化建设的过程当中，应充分认清传统媒体与新媒体的特性，并对其进行有效利用。

### （二）把握新媒体思想文化建设的主导权

当今时代，信息技术的发展已逐步完善，在高校的思想文化建设当中，新媒体也早已成为不可或缺的重要组成部分。若是能够有效利用新媒体平台，对高校文化传播以及正确思想导向的建立均具有重要意义。而若是未能正确利用新媒体平台，则会对在校学生造成一些负面影响。所以，各高校应该把握新媒体思想文化建设的主导权，借助新媒体平台开展文化活动、专题讲座、志愿服务活动，并将社会主义核心价值观以及党的意志贯穿其中，给予学生正确的引导。此外，高校在开展思想文化建设时，还应注重人才培养，向学生传递终身教育理念及素质教育理念。但应注意的是，重视人才培养不仅是要培养学生的文化水平与良好品格，还需教师具备较高的业务能力与专业素养。文化对于学生具有重要的指引作用，因此，在新媒体视角下，有必要培养一批优秀的学生干部和党员干部，杜绝网络上的不良风气，向学生传播正确的价值导向与积极向上的正能量。各高校还可以根据不同学生的实际情况及身心发展的需要，结合新媒体的发展规律，多向学生传递一些中华传统文化，以便为学生树立正确的价值导向，提高高校思想文化建设的有效性。

### （三）树立良好的高校整体形象

不论是国家重点建设院校还是普通高等院校，都需要树立良好的学校整体形象。只有树立了良好的形象、营造了良好的氛围，才能达到教书育人的目的。此外，良好的文化环境对教育活动以及相关工作开展也具有重要的推动作用。在新媒体背景下，各行各业的工作节奏都加快了。也正是因为如此，各高校需对校园文化底蕴进行深入挖掘，为在校学生营造特色的学习环境、校园环境，进而推动校园文化的传播，让教师与学生都能够在教与学当中获得归属感和认同感，进而提升教师的教学积极性和学生的学习积极性。在这样良好的氛围中，也更利于学生树立正确的价值导向。再者，打造校园品牌、树立良好的高校整体形象可以在无形当中推动教学发展、提升教育水平。值得注意的是，在树立良好的高校整体形象的过程当中，不能一味地注重学校的知名度，应充分综合本校所开设学科的特性，为学生营造良好的学习氛围，提升学生的学习积极性与学习动力，为各个行业培养优质人才。比如，各高校可以在学校的公共场所放置雕塑景观，雕塑景观作为一种艺术品具备独特的艺术感染力，可以潜移默化地影响师生的审美情趣和价值观念。在教学之余，各高校还可以定期组织一些校史文化研究活动，充分发挥新媒体平台的优势，推动线下交流与线上互动同时进行，充分调动学生积极参与，让学生充分了解本校的办学史。

### （四）构建主题网站

主题网站是在新媒体背景下延伸出来的一个新名词，主题网站可以有效推动高校优秀文化的传播。新媒体与互联网络一样，是一把双刃剑，既有优势又有弊端。不论是校方、学生还是社会人士，都能够在网站当中自由发表言论，若是在网站中出现了不当言论，将会严重影响高校的思想文化建设。所以，各个高校在构建网站之前需充分了解新媒体的优势与弊端，做好信息筛选工作，杜绝不良信息进入学校主题网站。在构建网站之后，学校的学术氛围、教学情况以及师资力量等都可以在网站当中得以体现，学生也可以就学校工作的遗漏之处提出意见，加强高校思想文化建设的有效性。此外，在主题网站上还可以上传学校的文艺活动图片、视频以及社会活动的相关咨询情况，等等，以便吸引学生积极参与网站建设，提升其艺术修养和人文关怀。网站还需遵循社会主义核心价值观念，传播中国优秀传统文化与爱国情怀，让每一名学生在结业之后都能积极投身于社会的各项事业建设，弘扬先进文化。

要想不断提升高校办学质量、提升教学质量，就需要重视高校思想文化建设的重要作用。新媒体虽存在一定的弊端，但其也为高校思想文化的建设提供了一个新的平台。所以，各高校应充分分析新媒体的优势与弊端，并结合本校的实际情况对新媒体平台加以利用，推动学校进一步发展，为社会培养更多的优质人才。

# 第六节　新媒体时代跨文化教学创新

随着我国改革开放步伐的加快，我国与全球在经济、文化等领域的联系交互越来越密切，新媒体时代又使不同文化背景的人们互动交际成为可能。新媒体为当代跨文化教学模式创新发展带来了契机，高校应探索、创新跨文化教学模式，培养、增强学生的跨文化交际能力。

新媒体的出现丰富了文化的传播途径，也使得文化呈现出多元化的特点，加快了不同地域、不同种族之间的文化碰撞和融合。其借助先进的数字信息技术，以广泛全面的互动传播为特点，为社会各领域的信息传播形式带来新的机遇和挑战，为当代跨文化教育模式创新发展带来了契机。

## 一、跨文化教学内容、作用和现状

### （一）跨文化教学的基本概念

李建军指出："跨文化教学"是指对学生进行国内外文化的教学活动，引导学生获得丰富的跨文化知识，养成尊重、宽容、平等、开放的跨文化心态和客观、无偏见的跨文化观念与世界意识，并形成有效的跨文化交往、理解、比较、参照、摄取、舍弃、合作、传播的能力。[①]通过跨文化教学，有助于不同地区间的人员交流。由于不同国家间的文化价值观念、宗教信仰和思维生活方式等方面的个性特征，在跨文化知识欠缺的情况下，容易在跨文化交际中引发误解、摩擦，有可能无法顺利地进行信息传递，而发生不愉快事件。

---

① 李建军.跨文化交际[M].武汉：武汉大学出版社，2011.

## （二）跨文化教学的作用

交流能力提升。跨文化教学能够提升学生的跨文化意识，减少或避免用语失误，提升跨文化内涵，提高对跨文化的敏感性等。通过跨文化教学，使学生了解目标语言国家的文化背景和传统习惯，增强学生跨文化意识，更好地理解和应用目标语言进行交际。文化教学能够有效改善传统目标语言教学模式，在目标语言词汇、语言习惯以及语法等传统内容研究的基础上，融入地区相关背景文化知识，有助于学生准确理解语言，避免交流用语失误。

提升学生对目标国家文化内涵的理解能力，增进中外知识交流。通过跨文化教学，使得学生能够较为全面地了解目标语言国家的各种文化，诸如目标国家的政治、经济、军事、科技、教育、艺术和历史等，知己知彼，增进国与国之间的文化交流。通过跨文化教学，获取更多的目标语言文化知识，提升学生的目标语言认知能力，帮助学生理解目标语言国家的思维模式。

## （三）跨文化教学的现状

教、学两个群体跨文化素养薄弱。跨文化素养包括跨文化交际能力和跨文化传播意识及能力等。文化已渗透到民族和国家的各个细胞，国家或地区间在政治、经济合作、军事交流和两国民众交往等任何领域的交流合作无一例外地包含着文化的元素。文化相互包容，和而不同的文化包容使世界不同文明成果能够相互交流。

国内仍然以应试教育为主，轻视文化输入。而教师缺乏相应的跨文化交际经验和培训。跨文化教育内容编制、课程设置和考试考核流于形式，跨文化意识的培养没有得到足够的重视。而现代社会日益开放，趋于多元化，学生应拥有良好的跨文化沟通能力。

跨文化教学内容、手段有待完善。跨文化在各专业课程中内容占比较少，或是尚未与相关课程进行有效融合，造成学生在课程理解和接受上存在困难。例如，传统外语教学以词语、语法和句式教授为主，跨文化教学手段、教学策略单一，教师与学生的互动性不够，在跨文化知识传授方面深度不够，使部分学生无法准确理解或灵活运用所学知识，在与外国友人的沟通交流中可能出现误解或矛盾。

教学实践活动缺乏。由于跨文化课程主要是选修课，因此跨文化教学实践活动相对较少，自觉、系统的跨文化教育实践活动几乎没有，日常实践活动主要还是在主干专业学习过程中穿插一些跨文化知识。跨文化实践活动涵盖精神、制度、行为和物质等四个层面，此类实践活动可使学生的学习态度从被动消极转变为积极主动，了解本国与外国文化的差异性，求同存异，加强对本国文化和异国的理解和认同，有利于正确处理由于文化差异产生的矛盾冲突。

应用型人才不足。在世界经济全球化的大背景下，跨国公司中的文化冲突日益增多，企业的发展急需跨文化人才。跨文化能力包括跨文化认知能力、选择能力和传播能力。需要通过各种手段培育学生掌握跨文化能力，培养跨文化应用型人才，具有开阔的国际视野，精确掌握国际经贸知识和跨文化沟通交际能力。

## 二、新媒体时代的特征

新媒体技术包括数字杂志、社交网络、移动电视和触屏媒体等。由于其信息共享、传播能力强，获取信息快捷等特点，已充分融入人们的现实生活中。由于新媒体具有交互性与即时性，海量性与共享性，新媒体与超文本，个性化与社群化的特点，因此通过网络世界的连接，能将海量的信息以低成本的方式还原到每个个体身上，形成一个虚拟的社会空间，以新媒体为载体，人们得以自由穿梭于知识的王国。

## 三、新媒体时代跨文化教学创新模式研究

### （一）强化教、学两个群体的跨文化教授和学习理念

强化教、学两个群体的跨文化教授和学习理念，提升两个群体的跨文化意识与素养。不同国家之间的政治、历史、生活、思维模式等各方面有着许多迥异性，教师应通过丰富多样的跨文化教学，积极了解跨文化知识，开阔视野，从而不断提升自身的跨文化教学水平。学生群体应认识到跨文化教学

的重要价值，端正学习态度，发挥主观能动性，通过微博、微信公众号等自媒体主动学习国内外文化知识，培养自身的跨文化思维。

在语言教学、历史、哲学、政治经济等科目的教学工作中，加强教师、学生群体对跨文化的重要性认知；教师在课堂授课时采用小品、短视频、PPT演讲和"互联网+"等方式，将东西方文化有效融合并加以比较，培养学生的学习兴趣，并形成教、学两个群体的积极互动，贯穿于整个教学进程中，使双方都能深层地掌握跨文化知识。

## （二）制定教学目标，丰富跨文化教学内容

以提高学生跨文化素养，扎实本专业理论知识，适度培养应用型、综合型、具有跨文化能力人才为目标，科学、合理地设置跨文化教学课程，有效培养学生跨文化交际能力。（1）跨文化专业课程内容应涵盖目标国家的人文地理、政治历史、科技文化、民族特性、传统礼仪和风俗习惯等文化背景知识，联合其他学科的教师，开设多学科教学。通过讲座，向学生全面介绍目标国家的民族特性、文化特点、风俗习惯等，使学生总体把握和了解目标国家。（2）结合学校实际条件，教师可开辟诸如英美文学欣赏、英美社会与文化、中西方文化对比等课程，品味和体验中外文化在各个方面的异同。将必修课和选修课相结合，传授跨文化背景知识和跨文化交际技能。在课外学生可参与课外阅读、外语角、电影电视观看和拍摄短视频等。

## （三）充分利用新媒体技术实现个性化教学

当现实社会中处于不同国度，拥有不同文化背景的人们，通过网络的虚拟社会而紧密联系在一起时，知识的交流也就变得便捷起来。如高校教师可将教学内容录制成影音视频，制作成网络在线课堂，学生可根据自己的时间自主完成学习。以往对于那些在普通高校就读的学生而言，名校名师的讲堂是遥不可及的，而现在拥有丰富优质教育资源的高校可将名师讲堂制作成网络课堂分享，让普通高校或特别是教育资源落后地区的学生也能得到很好的教学机会。MOOC使教育资源"活"了起来。

由于新媒体让知识的交流变得即时，高校应重视培养教师的跨文化素养，可开展培训教师对外国先进知识、研究成果、语言、哲学、风俗等的学习及进修，培养具有良好跨文化素养的师资队伍。高校还可开展对外国学生的网络课程，外国学生可在网上完成自主学习和考核，满足学分之后可对其发放学位证，同时鼓励我国学生积极参与这种跨国教育，实现跨文化交际。特别是对外语课程的学习，利用新媒体可打破应试教育产生的"哑巴英语"现象，通过一对一与外国人交流，让学生学到最标准的发音，或利用网络课堂直接与国外的老师进行一对一交流学习，让跨文化学习不再是为了应试，而是充分应付考用于实践。

# 第六章 新媒体环境下高校教育教学创新研究

## 第一节 新媒体实务教学新路径

网络与新媒体专业近年来发展迅速,但新媒体实务课程的教学方式和理念滞后,缺乏可行的教材;教师的知识结构不合理;教学和业界缺乏顺畅的沟通机制。为了解决这些问题,除了压缩理论内容,增加专业实践时间之外,还要借鉴一些新兴的教学模式来对该课程进行改革,其中,慕课、翻转课堂等新型模式对新媒体实务课有一定的启示作用。

2013年,教育部首次批复28所高校的"网络与新媒体专业"招生;2014年,批复了20所高校的"网络与新媒体专业"招生;2015年,又批复29所高校的"网络与新媒体专业"招生。伴随着微博、微信等自媒体的兴起,在"人人面前都有麦克风"的时代,教师和学生在新媒介的使用方面处于同一起跑线,加之社会对新媒体人才的技能要求已从内容生产转变到懂APP制作和社交媒介管理,因此,对于新媒体实务课程而言,传统的教学方法已全然不适应社会需求,探讨社交媒介情境下的新媒体实务课程教学在当前显得迫切而又必要。

### 一、新媒体实务课教学的困境

新媒体实务课探讨的是在社交媒介时代如何进行内容生产和技术制作,是和网络新闻业界最接近的一门课程,然而,在日常教学实践中,该课程却面临一系列困境。首先,是缺少一套行之有效的教材。据统计,当前关于网络新闻实务方面的教材多达几十种，出版日期也多集中在近5年，这些教材的编写体例大多遵循传统新闻教材的采、写、编、评逻辑，以网络新闻编辑类的教材为例，笔者在某网络书店搜索到了近20种该方面的教材，数量不可谓不多，但是教材的内容滞后表现得相当明显。例如，关于网络专题方面的内容，几乎所有教材均花大量篇幅详细介绍，然而，业界反馈的信息却是"专题是过时的手法"，"二级页面比一级页面要少80%的用户，在很多时候，做大专题纯属费力不讨好"。而对于近年来风靡业界的html5动态新闻专题，所有教材都没有涉及。在网络新闻写作方面，笔者查阅了几本教材，多是按照传统的写作体例逐一介绍，导语、主体和结尾等写作技法仍被奉为圭臬，对于当前阅读量达10万以上的数据新闻的写作技法完全没有进行探讨，这不能不说是遗憾。既有的教材难以适应碎片化、浅层阅读。行之有效的教材缺失导致的一个结果是，上课时不能依据某一本教材，而要若干本教材结合讲解，这样就使课程的系统性和逻辑性受到破坏。另一个结果是抛弃教材。还有个重要的问题是，高校对业界的最新成果缺乏有效的互动，以搜狐新闻手册为例，这本小册子在业界引发的重视不容小觑，然而，对于高校从事网络新媒体教学的教师而言，却由于平时和业界缺乏顺畅的沟通渠道而"望书兴叹"。

第二个困境是教师的知识结构和考核标准问题。关于教师的知识结构问题，从技术教学方面凸显出来，新媒体技术教学是新媒体实务课涉及的主要内容之一，只有和技术完美结合的内容生产才是合理的。然而，当前的新媒体技术教学情形不容乐观，传统的新闻学或传播学博士在内容教学方面没问题，但是在技术方面却捉襟见肘，以致技术教学严重滞后于业界现状。目前的专业课教师尚能从事传统的网页制作教学，然而，这种技术在实践中已经让位于APP制作技术和数据挖掘技术，这两方面可谓新闻专业课教师的软肋。在教学实践中，学校层面的人才标准和专业课对教师的技能需求不相吻合，以致会出现适应专业教学的师资却不符合学校层面的定位这种现象。当前，解决新媒介技术教学的困境呈现出三种路径：第一种是专业教师提高自身的技术制作能力；第二种是外聘教师；第三是在全校范围内资源共享，鼓励学生跨专业选修计算机学院开设的和该内容相关的课程。笔者以为，技术教学的困境和教师知识结构的局限，其根源在于对博士文凭的盲目崇拜，以及教师考核机制的僵化，当前网络与新媒体专业教师的考核和其他专业的教师别无二致，注重科研项目和学术论文，轻视教学实践，这种导向将会使得该专业未来的发展愈来愈远离业界实践。

第三个困境是课堂和业界实践缺乏顺畅的沟通机制。网络与新媒体专业的教师多数理论储备充分而实践欠缺，因此，在课堂上教学时多数基于对新媒体的想象，而非从经验层面来展开。这就导致与传统新闻教学出现类似的情况，即教师在课堂上的教学被形容成"隔山打牛"，这种纸上谈兵式的教学当然不能培育出适应业界实践的能手。为了克服该问题，有的学校采取从新闻一线请资深记者进入课堂的做法，应该说，此举给课堂注入了活力，让最前沿的理念和操作技术进入课堂，短期的效果显著。然而，名家进课堂存在两个问题：第一问题是这种做法受限于学校所处的地理位置，如果高校地处新闻名家汇聚的北上广深等一线城市，此举的成本较低，可行性比较大，如果学校地处西北或者其他偏远地区，那么该举措难以形成制度性的机制。另外一个问题是，业界名家进课堂，带来的更多的是"活鱼"，案例新鲜、操作技巧超前，然而，缺乏系统性和理论性。教学和业界实践的沟通如果持续不顺畅，还会出现学界和业界相互轻视的现象。因此，该如何调适这一矛盾也是未来需要考虑的重要问题之一。

网络新闻传播实务课的教学困境远不止上述三方面，但是，如果上述问题不解决，还按照传统的教师台上讲课，学生台下漫不经心甚至靠刷屏来打发课堂时间的话，那么，该专业的发展前景将不容乐观。

## 二、慕课模式对新媒体实务课的启示

在当前的教学实践中，应对上述教学困境的举措，除了压缩理论内容，增加专业实践时间之外，还有必要借鉴一些新兴的教学模式来对新闻实务课进行改革。笔者以为，引入新举措的根本目的是调动起学生的积极性以及强化和缩短与业界的差距等，其中，慕课、翻转课堂和研讨课等几种新型模式对新闻实务课有一定的启示作用。

所谓慕课，指的是"大规模、开放式在线课程"（Massive Open Online Courses）。其中影响最大的是Coursera平台，由美国斯坦福大学的教授创办，报名学生突破150万名，来自全球190多个国家和地区。"课程注册人数多，每门课程容量可达数万人，人数最多的一门有16万名学生；学习气氛浓厚开放，以兴趣为导向，凡是想学习的，都可以进来学；使用客观、自动化的线上学习评价系统，像是随堂测验、考试等，还能运用大型开放式网络课程网路来处理大众的互动和回应，提出问题5分钟后能得到反馈。"其重要特点是资源丰富——全球范围的一些高校资源共享，而且成本低廉。复旦大学2014年4月首门上线Coursera平台的课程"大数据与信息传播"，全球选课人数已突破1.2万人。这门课由复旦大学新闻学院程士安教授执鞭，探讨人、媒介、信息在社会化媒体环境下的新规律。在国外几大慕课平台的影响下，清华大学的"学堂在线"、上海交通大学的"好大学在线"、深圳大学致力推动的"优课"联盟（UOOC）等中文慕课平台相继上线。其中，"学堂在线"上与网络新闻传播实务相关的课程达20多门，二级页面"广场"栏目则是学习者互动的区域。"好大学在线"中也有若干课程与此相关，而入驻"优课"联盟的高校近百家，是几家平台中数量最多的一家。在中国大学慕课平台的课程中，与网络和新媒体相关的有：大学计算机、C语言设计、数字电子计算基础、数据结构等十余门课程，授课教师清一色来自各大名校，听课者参与的程序很简单，此外还需要"提交作业、测验、期中考及期末考试"等。高校扩招使得实验室资源紧缺，学生对于新技术的学习在课堂上根本无法完成，但是，目前几乎人手一部智能手机，关于APP等移动媒体技术的学习完全可以借助个人的手机完成，互联网上商业性质的"慕课网"实用性更强，如有的网站定位"国内最大的IT技能学习平台。提供移动端开发、php开发、Web前端、Android开发，以及html5等视频教程资源公开课"。以html5专题制作为例，该页面详细介绍了"html5热点关注、开发实例、新特性和应用开发"等方面的内容，而在应用开发方面，则有40余篇文章对html5进行了多维度的应用开发介绍，这种专业水平是传统新闻实务教师所无法达到的。

不过，传统的教学方法多把师生限制在教室内，重书本而轻实践，对于当前的教学机制而言，慕课该占有怎样的分量还值得探讨。如何激发学生在慕课上学习的兴趣是另一个重要问题，手机或平板电脑的娱乐化功能越发凸显。笔者以为，课堂之外的学习在未来所占的比重会越来越大，如何培养学生的新型学习习惯和健康的新媒介素养，也是本节需要考量的问题。就前者而言，新型的学习习惯减少对传统教学方式的依赖，能有效克服所授知识的滞后性，保持对前沿热点领域的关注和学习等，而对后者而言，良好的新媒介素养能减少对新媒介娱乐功能的沉迷，转而对技术和创新等因素进行关注。

对于非一线城市的高校而言，不少高校的新闻传播学院设置在远离市区的新校区，交通不便，环境相对比较闭塞，因此，利用慕课这种形式来消除知识获取上的鸿沟显得尤为必要。慕课有助于加强课程内容建设与推进混合式教学改革，使得学习空间从类似公共空间的教室变得虚拟化，师生之间的传播形式也由人际传播变成大众传播，学习时间变得可自由支配，对于快节奏的后现代社会而言，这无疑是一种进步。慕课学习并非传统课堂教学的简单补充，对于网络新闻传播实务课而言，慕课为翻转教学形式提供了便利条件，对基于印刷术的传统课堂教学结构进行解构，学习的决定权从教师下移至学生，信息的获取则主要依靠学生对新媒体的应用，而课堂上的主要任务则变成基于项目的学习，自媒体平台诸如微信群、微信公众号、微博平台等为这种项目式的学习提供了便利条件。

当然，采用慕课形式学习网络新闻传播实务还面临的一个重大问题是如何将这种学习形式纳入既有的教育体制中去，即学习者取得了慕课的结业证书和分数，但是所在学校可能并不认可，在上述几个慕课平台中，只有上海交通大学的"好大学在线"提及学分认定的问题，但这种认定范围仅限于合作的33所高校，对于适应互联网时代而产生的网络与新媒体专业来说，是一个发展的障碍，也是未来教学实践中需要解决的一个问题。

## 第二节　新媒体语境下字体设计的教学

新媒体语境下对于信息的传播、字体的设计不再只有唯一的衡量标准和创意要求，字体设计要根据其传播途径的差异，做出相应的改变。在教学实践的过程中，对于字体设计的教学理念和教学方式都要有一个划时代的提升与创新。本节将在分析新媒体语境特点的基础上，研究在不同领域、不同功能下对于字体设计的多方面要求；并结合字体设计的教学实践，从创意创新教学模式以及提高教育对象的综合能力等方面进行研究与探讨。

### 一、新媒体及新媒体语境

英国圣马丁艺术学院教授崔西亚·奥斯丁在其著作中提道："新媒体涉及互联网、电脑游戏、光盘和影碟、交互环境，事实上任何数码移动产品，还包括自动更新的电子阅读器等，都属于新媒体的范畴。"[1]在新媒体语境下，字体设计不仅保留了其在传统媒体中的表现形式，基于新媒体的传播特性和表现形式衍生出了新的形态。新媒体最明显的特点是交互性强，能把静态的设计，如印刷、摄影、广播、电视或电影同动态网络反馈，或是交互展览、物体和环境相结合。依托于新媒体在表现形式上的动态性和传播形式上的交互性，字体设计也将突破传统形式进行创新。字体是视觉传达设计的重要手段，但字体的实用性、功能性并不像其他设计那样表现得那么纯粹。虽然字体设计不可以直接使用，但其运用范围十分广泛，比如，包装设计、标志设计、招贴设计等。随着新媒体语境的普遍使用，字体设计作为新媒体技术下的视觉语言得到了进一步的发展：基于新媒体的动态表现形式和互动性的传播特征，动态标志、动态海报、互动招贴等众多视觉传达新语言丰富了手中的视觉效果。这种新的视觉语境下同样要求字体设计根据其载体进行相应的形式的创新。

---

[1]　周小舟.新媒体语境下字体设计的教学实践创新[J].艺术与设计（理论），2017（2）136-138.

## 二、创新教学实践

基于新媒体语境下字体设计的特点和要求，在新媒体语境下的字体设计教学实践不仅要继承平面效果上字体设计的要求和教学重点，还要加入新媒体语境下字体表现形式的相关要求。针对新媒体动态效果、互动性的特点，以及新技术下的衍生形式所需要的表达要求，将字体设计的教学实践环节从创意语言的培育、表现技法的创新以及综合运用能力等方面进行充实与完善。

### （一）创意创新的培育

创新培育首先是要注重结合相关知识的运用。除了其他感官形式的结合以外，字体设计和版式设计、字体设计和色彩学、字体设计和图形创意的理论知识同样也要运用到设计过程中。将字体设计结合版式设计的基本理论运用到整合媒体、跨界媒体等捆绑式媒体传播形式之中，根据不同媒体的不同要求按需组合，也为字体设计的教学与实践带来了不小的挑战。字体使用途径的不同导致其字号、像素以及版式效果都会有发生相应变化。既要保证字体设计在相关媒体上的适用性，又要保证其设计感，是创新教育中的另一个创新重点。其次，崔西亚·奥斯丁在著作《新媒体设计概论》中所引用的弗兰德·迪克林（Fred Deakin）的理念："新媒体的出现对于平面设计来说是一把双刃剑。这种可以创造和融合平面内容、声音、音乐以及各种界面的技术，赋予了设计师和我们探索那些曾经不愿接受的新媒体的勇气。新的工具同时也扩展了相关技术的适用范围并在多学科混合项目中取得了良好的效果，同时也在传统领域中发挥了重要的作用，比如，字体设计和版面设计。"[1]在创新性教学中，新媒体融合了声、光、影、音等多种传播形式，字体设计也不再单一地在二维媒体展示的平面上。空间内的字体设计、动态交互型的字体设计、动态配合声音节奏性的字体设计等形式层出不穷。在教学活动中引导学生从意识上更新字体设计的观念：字体设计也不再是一个平面衍生形态下的生成作品，更是空间里互动过程的必备元素。课堂教学中培养学生字体设

---

[1] 崔西亚·奥斯丁.新媒体设计概论[M].上海：上海人民美术出版社，2012.

计不只是平面表达形式，在做平面中的字体设计草图时，同时要形成创意系统，考虑到应用在三维空间、音效、交互设计里的形态。

## （二）教学形式的创新

新媒体是现代教学实践中最重要的手段之一，而综合利用各种媒体形式的优势，将平构、色构、音效、动画以及字体设计等重要的效果因素有机结合，本身就是新媒体语境下字体设计的典型案例。在教学结构的设置中，秉承基础理论和传播媒体特性分析并重，用传媒特点体现基础理论的内涵，用基础理论的精髓分析媒体传播过程中字体设计的重要性。随着新媒体被普遍接受，强调新媒体成像特点、传播特性，让学生深入了解字体设计的来龙去脉，更明确、更精准地针对不同传播渠道、不同用途的文字进行相应的设计工作。在课程教学过程中，学生们可以根据自己在平面中制作的草图进行相关动态、互动动作的延展设计。对设计好的字体进行合理的效果展示，使其在动态、互动中的字体符合其相关的功能和风格。在激发学生兴趣的同时引导其在实践中理解、感受字体设计的规律。

尝试从字体所应用的新环境进行教学创新。新媒体的动态效果、互动效果以及模拟环境立体效果的展示形态层出不穷，这也要求字体设计要随之不断进步。在教学过程中，要树立全面、合理地考虑字体的应用范围及展示效果的理念，避免设计出的字体仅能运用在有限的媒体上，缺乏整体感和系统完整性。为达到这样的教学效果，可以尝试利用新媒体多样化的效果展示与体验功能，模拟创意形式和预设设计效果。在创意方法上，要将传统媒体的构成理论基础、相关新媒体知识以及用户体验和设计目标要求等相关知识、要求进行综合性的考虑，形成一套可以匹配新媒体展示功能和应用效果的字体设计，逐渐摆脱传统平面媒体字体设计方法的限制。

从字体设计相结合的其他媒体形式进行创意创新的唤起。新媒体技术的日益强大，使得在新媒体形势下的字体设计有必要与其应用环境和多感官传播形式结合进行教学实践。根据新媒体适用的表现手段和表现渠道，结合整体效果的主题特点及表达要求，结合音频节奏、触感等形式，让动态感、互动性的文字与之相匹配。视觉上的体验变化同其他感官的节奏感进行相互配合，力求给予受众多感官、多方位、真切、生动的形式表达。体现不同字体设计的运行环境、投放媒体特性、表现要求变化，根据要求的不同和表达形式的不同，因地制宜转化字体的形式与风格。

### （三）综合应用的创新

在字体设计的创意培养模式下，字体的概念、字体设计的基本理论和相关知识的铺垫依然是字体设计的基础支撑。结合当下设计趋势与经典案例，分析并阐述其字体设计的原型和创意方式，引导学生运用综合利用设计原理，结合当下设计风格分析、解读成功案例的创作过程和成功原因。通过当下设计案例的分析与研究掌握当下设计手法、字体设计与造型能力以及新媒体语境下字体设计的发展趋势。教学实践活动的创新过程中，要注重将字体与其内容和作用相结合创意创新。随着新媒体语境的特点的逐渐显现，不仅新媒体的表现形式和传播模式发生了改变，其形式和内容也发生了较大的改变。在教学过程中，要将设计发展趋势与成功案例进行讲解分析。分析当下的设计发展趋势有助于学生更好地进行相关实效性较强的风格理念的理解和应用。解析成功案例，通过反推、分析等手段，引导学生深入地思考同样的创意手法下，如何进行不同风格化、特性化的创意字体设计。联系自身实际，更有效地进行不同方向的对比，在深入辨析优秀案例的同时，也对自身的设计风格和设计理念进行了一次次深入、定向的探究和学习。此外，在学习优秀案例的同时也要注重选取时下相关热点话题进行创意作业练习。例如，微博热搜词汇、网络流行语等既具时效性又具实用性的实用语言，以此激发学生的创作热情和探索兴趣。结合自己的兴趣点和时代热点进行创意，不仅可以让学生练习找准切入点，同时减少了学生对命题理解的误差。以此类命题展开调研、解析更多的字体风格和应用方法。在兴趣的引导下，将个人风格结合不同语境、含义对于字体设计进行创意设计。此外，还可以结合大赛实题开展创意内容，带领同学们进行实题实做教学。实题教学是具有针对性、实战性的教学方式，根据现有的要求和限定，在实际的命题背景下进行字体设计及相关延展设计。在实题设计过程中，学生可以真切地体会到字体设计在实际市场中的主要作用、应用范围、不同风格形式下字体的表达要求。

新媒体语境下的字体设计，面临着不小的挑战。字体设计的要求源于新媒体的形式，新媒体日益优化的技术为字体设计提供了更多的表达方式。新的表现形式带来了更大的市场要求，在这种市场需求下，要求字体设计的教学实践活动随之改变。新媒体及其衍生媒体传播范围之广、传播范围之迅速、传播形式之多样、受众者也是发布者等特点，给字体设计在功能和效果上都带来了巨大的改变，同样也表现在其丰富的形式上。尽管如此，二维平面中的字体设计是新媒体字体设计的雏形，更是新媒体衍生形式下字体设计的根本。所以，不抛弃原有的教学理论及美学原理，将字体设计转型运用到新媒体的进程中，依旧要秉承坚持。字体设计作为适用性极强的一个设计方向，将会随着新媒体的发展变得更加多样化。新媒体及其衍生形式的多渠道传播、表现形式与其他相关设计专业的联系愈加紧密，形成更多的表现形式。在教学活动中，培养学生全新的字体设计思维模式，提高其新媒体语境下字体设计的综合技能和表现技法。根据新媒体动态感、互动性等特点，从创意角度的培养阶段便要给予学生较为全面、较为完整的创意体系的建立。利用完善的创意构思，引领新的教学模式下产生的字体设计可以灵活运用于传统媒体和新媒体的各种平台之上，使得字体设计摆脱媒体表现形式的差异束缚，较为整体、较为合理地将字体设计效果展现在各种媒体平台上。

## 第三节　设计与新媒体实践教学

深化教育教学改革以来，天津美术学院一直把设计与新媒体作为学校的重点建设学科，拥有工业设计、动画艺术设计、数字媒体艺术三个品牌专业作为重点学科发展对象。通过十几年的重点培养，目前这三个学科建设优势明显，紧密结合社会发展需求，采用多种实践教学模式，研究了培养学生创新能力的实践教学模式，为社会培养了大量优秀人才。

自从重点学科建设启动后，天津美术学院加大了实验室的投资、建设和管理力度，实行了校、院级二级管理。学校整合学院之间优势资源，将设计实验室和新媒体实验室合并成立了设计与新媒体艺术实验教学中心，合并后的实验中心承载着设计与新媒体学院各个专业的实验教学任务，中心下设与专业发展相符合的实践教学实验室和学生创作工作室，为贯彻新形势下人才培养机制，适应社会发展注重实用型人才发展的需求，中心下属各个实验室专注实践教学，培养学生的创新能力，通过不断改进和完善实践教学新模式，学生在科学研究、实践创新方面都取得了显著的成果。

## 一、实践教学理念

实践教学是人才培养的最终目标，艺术类学生要想毕业后得到社会的充分肯定，就要将艺术和实践结合，运用学到的理论知识，用于探索问题，研究和解决问题，增强社会服务的责任感，进行理论联系实际的钻研，培养艺术知识架构体系，开发实践动手动脑能力，通过实践开发创新成果，全面调动学生情感、能力的辅助作用，提升今后走向社会的竞争力。

设计与新媒体实验中心成立以来，始终致力于实验教学的改革和实验教学体系的完善。根据天津美术学院对艺术人才培养教学理念的多年探讨，艺术类实验中心的建设属专业实验中心建设，是艺术与工程的结合。学校的本科教学大纲规定，实践类课程占总课程的60%以上，而设计学的大部分专业课程必须利用实验室完成。学校提出了设计与新媒体实践教学的理念，以培养学生动手能力为目标，将理论传授、动手实践、创新培养作为一个整体教学过程，以培养创新型人才为目标，注重专业实践教学的深入开展和研究创新。实验中心实践教学强调智能与技能、艺术与技术相结合；强化学生运用所学知识与技能进行实际操作和解决问题的能力，以及综合创新能力和社会适应能力，培养学生成为适应社会需求的创新应用型设计人才。针对设计学科而言，实验教学以视觉传达、工业设计、动画艺术、装饰艺术、数字媒体、移动媒体、环境艺术、服装染织设计等作品的技术制作和艺术创作训练为重心，以各门类艺术知识的传授和实验项目的完成为手段，以注重探索体验的创造型思维方式，达到艺术设计实践能力、创新能力培养的目标。

## 二、实践教学的规划

### (一)加强实验师资队伍建设

师资队伍建设是实验室整体实践教学水平得以提升的关键,学校应该增加实验教师进修深造的机会,培养教师的理论知识体系,综合实践能力和实验创新意识。对实验教师经常考察评比,避免一门课程几年不改教案、不更新实验方案的陈旧呆板教学。学校加强对企业同行专家的聘任讲学,提高专业学科的多种元素的引入,开拓学生的视野,对当前艺术设计最前沿的东西做到更快更好地吸收。增加专业设计相关课程的选修,增强学生交叉学科知识创新的能力。

实验师资队伍建设是实验中心常态管理与发展的关键。为此学校人事处制定了《天津美术学院实验室工作人员考核办法》,教务处制定了《关于加强实验技术队伍建设的实施意见》等相关文件。对实验中心的实验教师和实验技术人员进行年度考核,实验中心将进一步加强实验教师队伍的梯队建设,研究制定相关激励政策,实现教学相长,进而提高实验教学与科研水平,达到提高教学质量的目的。

### (二)深化实验室建设和管理

首先要加强实验室的软硬件建设,加强实验中心和实验室的资金投入,借助国家财政投入,实验中心成功申报市级实验教学中心,加大了对数码影视工作室、计算机教学实验室,以及平面输出实验室的仪器设备投入,对于产品设计和服装染织实验室也进行了新老设备的更替,全校完成了无线网覆盖,学生网络交流更加便捷,网络互动课堂得以实现。

积极探索新型实践教学体系,借鉴兄弟院校的成功经验,将实验教学作为教学改革试点,坚持理论和实践齐头并进的教学模式,建设开放型实验教学体系,增强学生的研究技能,实验教师继续改进教案,编撰着重于动手实践的教材。

### （三）合并实验教学资源

改革思路：遵循艺术设计教学规律，以提高学生创新能力、实践能力和专业水平为指导思想，将实验教学与理论教学紧密结合，有针对性地制订相关措施和培养计划。在基础性实验训练、研究体验、创造性实验训练的全过程中，坚持以学生为主体，以能力培养为核心，不断完善更有利于创新人才培养的实验教学体系和人才培养模式。

### （四）扩大对外交流，发挥对外辐射示范作用

开展广泛的国内外学术交流，及时把握本学科的前沿理念与技术，汲取国内外的先进实践经验。在加强自身建设的同时，积极发挥对外辐射作用，努力发展成为具有广泛影响和学术地位的国家级实验教学示范中心。

## 三、实践教学改革思路和方法

由于面临社会发展对设计人才的迫切需求，实验中心加强了设计实验课程设置，增加了专业导向，强大了实验教师队伍，丰富和多元化了设计小型科研项目选择种类，积极联系相关产业基地，为本科生提供更广阔的实验实习机会，理论和实践在很大程度得到了紧密的结合。实验中心成立以来，为社会培养了大量优秀的设计人才。产品工作室积极采购了一批先进的工业铣床等生产加工设备，以前设想过很多次的施工工艺终于得到了落实，通过实践，相关的课程方案和加工工艺得到了很大的改善，学生争先来到实验室进行产品创作，其中电动自行车辅助设计平台的搭建成功申报国家级课题，并且申报校级科研基金多项，学生作品多次获得创意创作大赛奖励，每年都有多项优秀毕业作品在天津美术学院美术馆展览。

改革方法：

优化数码影视实验室建设，作为实验中心建设的亮点，使之在实验水平和实验条件上继续保持国内同类实验室的领先地位，打造国内高端数码影视实验基地，使之在动漫、数字媒体、移动媒体等新兴产业发挥重要作用。

完成产品工业实验室的搭建，购置实践教学仪器设备，提升实验室科研

创新的硬件条件，更大程度满足设计类师生研究课题、开展实践教学的需求，构筑优良的实践教学环境，使广大师生业余时间愿意走进实验室进行研究创作，积极开展与企业之间的产学研交流与合作。

继续完善与实验课程对位的系列教材，陆续出版自编教材。

努力发展品牌专业的实践教学，开发更多的艺术作品，积极申报相关专利成果，把相关精品课程的实践创新应用到实践当中去。

积极参加国内实验室建设交流学术研讨会，把工科院校的实践教学与艺术院校的实践教学进行交叉研究，打造具有艺术特色的实践教学模式。

## 四、实践教学体系建设

艺术设计造物特性中人工性、物质性、技术性决定了实践教学是设计学科教学的主体。在此思想指导下，设计学科教学以学生为本，以培养学生自主创新能力为目标，以设计学理论教学和实践教学为两翼，形成了以设计学各专业的技术制作和艺术创作为中心的实验教学，形成教学层次分明、实验项目丰富、教学手段多样、实验教学条件优越、实验教学管理完善的崭新的设计学实验教学体系。

设计学科各专业教学依据知识和能力培养的两个方面，由理论教学和实践教学所构成。从设计人才培养到设计创新成果的完成，这是一个持续不断的连续过程，其中实践教学贯穿学生创新能力培养的始终。实验教学在本学科教学中占有相当大的比例，发挥着重要作用。为此，我们强化了实验教学观念，并进行了实验课程的规划与建设工作。改进的实践教学目标着重培养学生动手能力，开发实验技能培训课程，设计实践课题，开发学生创作思维和竞争意识。

四年制主修实践课程1574学时，占主修专业课总学时的74%。在完成相关理论课程学习的同时，实验教学课程与理论课程形成相辅相成的实践教学模式，其中实践教学占据主体地位。

## 五、设计与新媒体实验教学案例分析

为确保改革方案的推进,进一步完善实验教学资源共享的理念。实验中心在资源整合、科学管理上不断探讨解决新问题,在充分发挥实验室诸功能的同时,扩展实验室功能,扩大实验室教学承载能力,构筑功能齐全、资源共享的实验教学平台。

改革创新是实验中心发展的理念,创新更加离不开实践,产品工业设计实验课程主要围绕提高学生能力,激发创造思维,解决工业上的技术难题和艺术品创作为指导,深入开展一系列知识能力竞赛,学生动手能力和素养不断提升。在实验室,学生的理论知识往往和实践表现有冲突和矛盾的地方,在实验教师的指导下,学生解决问题的实践经验在不断增加,通过本科四年的锻炼,真正做到把知识变成手艺,这将更加有利于他们走向社会,去实现更大的人生价值。

产品设计专业打破了以往教师虚拟课题,学生创作不结合社会需求的状况,通过建立大学生专业社会实践创新基地,越来越多符合社会需求的创作应用到实践生产,实践课题设计又反过来促进理论教学,经过改革创新,理论和实践达到了进一步的结合,学生不再把知识僵化在课本中,而是增强了实践动手能力和创新能力,通过联系家具厂和模具厂,给予学生相关的设计订单,实验室设计创作的氛围更加浓厚了,学生钻研的目的更加明确了,为以后走向社会工作岗位打好了坚实的基础。

服装工作室打破了以往设计靠手绘,加工靠外包的模式,实验中心先后建立计算机设计工作室、纤维工作室、扎染工作室、蜡染工作室、裁剪工作室,学生可以在实验中心完成一整套的从服装设计到制作的流程,服装染织工作室有副高以上职称专业教师8名,很大程度上满足了学生各种难题的解答。通过开展评比竞赛,学生创作热情高涨。

## 六、实践教学的创新形式

实践教学是加大人才培养,提高学生创造能力、动手能力、探究能力的重要环节，把实践教学作为学院的主体教学机制常抓不懈，建立完整的实践教学课程体系。当前艺术类高校注重培养应用型人才，以更加适应社会的广泛需求，在实践课程平台搭建方面，今后课程设置更要突出专业特色和实践课程的有机结合，理论和实践要更加紧密结合。

增加学生实践实习的机会和时间，实验中心积极联系天津奇尼斯飞行科技公司和天津拓航通用航空公司，每年安排学生到飞行基地实习，对工业模具的设计制造增加认识，根据基地的组装需要，设计相关的零部件工具以及自主开发辅助部件，实现了产学研有机结合，实践完成创新的能力和经验增加了，这些都有利于学生毕业后工作机会的增加。

通过大量练习社会上铣床等公司的设计订单，学生愿意把大量时间用在实验室进行设计和研究，解决生产上的难题。不断查阅资料，通过真实的课题研究，增强学生之间团队协作的能力。学生中有人负责数据统计，有人负责建模，有人负责调试和输出。团队精神的建立提高了工作效率和学习效率，学生设计的兴趣得到了广泛的调动，该学科建设水平也得到了很大程度的提高。

创办和参与设计竞赛，增强学生的竞争意识。当前设计与媒体艺术发展迅速，任何的停滞不前都会导致思维和意识的落伍，秉持忧患意识、创新永无止境的态度十分重要，源于艺术的创造在未来也更加适合社会的需求，通过开展工艺品设计竞赛，不设主题的装饰品设计竞赛以及媒体艺术设计竞赛，学生的思维空间得到了充分的发挥和实现。

实践教学应该尊重学生的个性差异，使每个学生的特长充分发挥，多元化开发学生的创新潜力。实验中心通过加强优质教学资源课题的引入，满足不同学生的学习需求，从根本上培养学生的创新意识、精神和能力。天津美术学院鼓励有丰富实践经验的学生参与到教师科研队伍中来，以此鼓励学生的动手积极性和创新热情，针对不同专业特长的学生，实验教师为其安排不同的课题组工作，使学生的理论和实践经验得到充分的锻炼和提高。

进一步完善实验教学的考评机制，学生的课程分数不再是单一的试卷答题，更多地加入实践作品的考评，增强学生的研究意识。不同学生之间的作品实行互评机制，更多的评判能使学生之间取长补短，活跃整体创新思维。加强青年实验教师在个性化实践教学中的辅助作用，年轻教师更容易和学生交流，为实验教师提供更多的实践课程授课机会。

设计与新媒体艺术作为新兴的实验学科，实践教学还存在很多的不足之处，在解决一些横向科研项目上，实验教师的能力还有不少欠缺，作为实验教师，应该不断加强专业进修，在艺术上和技术上不断进步，更好地适应当今社会科技的飞速发展，在应对繁重的教学任务时要针对实践不断进行改革，积极编撰适应时代发展的优秀实验教材。通过实践教学模式的研究与创新，学生学习的热情和氛围达到了空前的高涨，克服了懒惰的心理，毕业生的作品创作不再依赖外面的设计公司和生产企业，学生把大学更多的实践花在了自习室和实验室进行作品创作研究，实践教学从根本上为学生提供了产学研的一体化教学平台，为学生走向社会、服务社会打下了良好的基础。

艺术设计实践教学本质在于创作的作品经受得住实践的检验，做到社会所需，得到社会认可，否则一切自认为再好的艺术得不到第三方的认可和评价，也都是纸上谈兵，通过健全艺术设计实践教学的理论指导，不断提升学校和社会的黏合力，学生的大学所学真正做到了符合社会经济发展的需要。

## 第四节　新课程理念下的新媒体教学

新媒体教学已成为高校思想政治课课堂教学的一种流行的优越性非常强的教学手段，但是新媒体教学应从实际需要出发，以增强教学效果为目标，科学地进行教学设计，结合传统教学方式和手段，充分发挥新媒体的优势，注重师生交流，尽量避免新媒体教学的误区，以真正实现思想政治课课堂教学与网络信息技术的整合，优化课堂教学效果。

新媒体教学是指在教学过程中，根据教学目标和教学对象的特点，通过教学设计，合理选择和运用现代教学媒体，并与传统教学手段有机组合，共同参与教学全过程，以多种媒体信息作用于学生，形成合理的教学过程结构，达到最优化的教学效果。实际上，新媒体教学是一系列现代教学设备在教学实践中的综合应用。本节就新媒体教学中的一些体会，谈谈如何适度运用新媒体，使新媒体教学与新课程教学理念更好地有机结合在一起。

## 一、新课程教学理念要求新媒体教学

教育部印发《义务教育课程方案和课程标准（2022年版）》指出："要把信息技术作为学生学习和解决问题的强有力工具，致力于改变学生的学习方式，使学生乐意并有更多的精力投入到现实的、探索性的教学活动中。"随着社会信息化进程的不断加快，信息技术在教育教学活动中也广泛使用。新媒体教学因其图文声像并茂，能突破视觉限制，激发学生的兴趣；它的动态画面，有利于突破传统教学中单调、枯燥的教学过程，有效地组织课堂教学；它的信息容量大、密度高，也有利于节约时间和空间，提高课堂教学效率。

采用新媒体辅助思想政治课教学，可以极大地提高学生各种技能的培养和实际应用能力。因此，从教学的发展及学习的需求分析，新媒体辅助教学是思想政治课教学现代化手段创新的一个主要方向，其位置是其他教学手段无法取代的。

## 二、充分挖掘新媒体教学的优点

新媒体和现代教学技术的运用，最终目的是提高教学效率，使课堂教学得到优化。教师可以在课堂这一有限的时空内，巧妙、合理地运用现代教学媒体，激发学生学习兴趣，调动学生的积极性，扩大学生接受知识的信息量，既学习文化知识、培养能力，又受到情感和品德的熏陶。实际教学过程之中，新媒体教学日益体现出其众多优点，主要表现为以下几个方面。

第一，教学方式形象生动，有利于激发兴趣，能较好地培养学生的求异思维、想象和创造能力。兴趣是最好的老师，新媒体图文并茂，形象生动，达到了抽象概念具体化，微观概念宏观化的良好效果，使学生如亲临其境，得到体验，通过再发现、再思索、再创造的过程，实现对知识的理解和应用，提高学生的思维能力、想象能力和创新能力。

第二，新媒体信息量大，提高教学效率和教学质量。新媒体教学形象生动，感染力强，提高教学兴趣，有利于学生理解和记忆，又可进行个别化教学，做到因材施教，充分调动学生学习的积极性和主动性，激发学生渴求知识的欲望，从而有效地提高教学效率。据国外有关实验表明，使用新媒体教学，可以缩短教学时间二分之一，考试中的错误减少三分之二至四分之三，并可帮助学生比较顺利地完成学业。

对教学资源的传播和再利用起到了积极作用。新媒体应用数字化教学材料，具有可以长久保存，可以通过网络技术或其他通信手段广泛传播的特点，便于学生自学和教师交流。而且教师积累一生的教学成果、智慧和经验都将以课件形式保存，成为其教学生命的延续。

学校教育的目的是培养德、智、体、美、劳全面发展的社会主义新人。为此，我们的教学不仅要使学生掌握课本的知识和技能，而且要对学生进行思想教育。在教学过程中，讲解知识的同时，运用课件、影音再现故事情节，使学生的直接经验和间接经验得到补充，思想性更加清晰明朗，学生无形之中受到熏陶，增强感染力。

## 三、精心设计新媒体教案，打造有效课堂

要辩证地开展新媒体教学。我们绝不能让新媒体教学流于形式，把新媒体教学作为一种门面来装饰，为了用新媒体而用新媒体，这反倒使其教学效果不如普通的传统课堂教学。现代教育技术的优势要更好地发挥出来。新媒体的教学应用，重要的是教学设计，缺乏科学、合理、实用的教学设计，就会出现有教材不会合理应用、有条件不能充分发挥、有能力无法施展的状况。教学内容通过好的教学设计，可以使有效课堂升值。新媒体教学的教学设计，一般应注意以下几点。

第一，把新媒体与其他多种媒体同样看待，研究新媒体与其他多种媒体的有机组合，因为新媒体不是万能的，有优势也有不足，它只是综合了其他媒体的优势，而没有达到其他媒体的最佳表现力。在教学中要合理设计、搭配、应用新媒体和其他媒体，共同发挥综合效益。

第二，选择适合做教学内容的新媒体，制作新媒体教材。如思想品德方面的内容，微观、宏观及机理抽象复杂的教学内容、实验技能训练课内容等，将有限的制作能力用在关键的地方，突出教材中的重点和难点。

第三，根据不同的教学要求，采取不同的新媒体教学手段，科学设计新媒体教材的系统功能，如综合演示型、实验操作型、考试测验型、资料工具型、网络教学型，充分发挥各种功能的优点，做到媒体优势与效益的有机结合。

第四，新媒体各种特性的发挥，不能认为新媒体教材越复杂，技术难度越高就越好，必须从教材出发，依据学生原有的知识基础、认知水平和心理发展的特点，根据不同的学习需要，对各种媒体进行比较、筛选，选择出最佳的媒体。

第五，研制新媒体教材要在创新上下功夫。创新，就要充分发挥新媒体的特性，了解最新理论和技术研究成果，积极探索，制作与教学创新点相对应，形成有效课堂的良性循环。

总之，新媒体教育技术飞速发展，在教学过程中新媒体技术的运用越来越普遍。教师在学习新媒体、计算机技术的同时，还应关注教育理论的发展，随时用先进的教育理论指导自己的新媒体教学。要在新课改理念的指导下，围绕如何实施有效课堂，摸索出新的教学方法，发挥新媒体教学的优势，真正体现新媒体教学在新课改中的独特作用。

## 第五节　新媒体语境下构成设计教学

本节通过对构成设计教学存在的问题分析，提出在新媒体语境中，从改革教育理念出发，使用"启发式""模块式"教育手段，提升学生的创新思维能力。同时，通过对数字技术手段在构成教学中的应用研究，探索提升构成设计教学效果的有效途径。

构成基础课程是设计类专业必修的一门专业基础课，学生通过课程的学习，完成具象思维向抽象思维的转变，学会用抽象、概括、简洁的视觉形象元素在一定设计法则的指导下进行有内在视觉表现逻辑的创造性行为，是重要的设计启蒙课程。随着社会进步，体现科技发展以及信息传播多样化的新媒体语言成为许多学科教学运用的载体，更好地体现现代教学理念。构成设计教学呈现了非常强烈的媒体属性，无论是教学过程，还是教学效果评价环节，师生在教与学中新媒体的有效介入无疑成为重要手段和方法。

## 一、传统构成教学和新媒体语境下构成教学的比较

传统教学过程中，大量授课环节和实践环节依靠静态图形示意以及手绘实践操作的形式体现理论讲授、案例分析和实训操练环节。教师教与学生学相对处于一个效率平缓的教学实境中，现代多样化新媒体手段给课程展示、影像传递以及实践技能数字化都带来了全新的面貌。当然，传统教学中的优良传统以及教学方法是前提和基础，新媒体手段的结合方式以及适用度的把握是需要在教学实践中不断摸索的。

构成教学过程是一个设计教学研究和设计教学实践密切结合的过程，理论研究为设计实践提供验证理论模型和方法，进行新语境下的教学理论建构是结合当下社会发展需求必须为之的探究行为。传统构成教学和现代构成教学是在信息技术发展背景下针对教学模式和方法展开教学方式及效果的比较，针对不同的教学内容，二者体现不同的优劣势。如何利用二者之间的优劣势，探索出更好的教学方法，从而取得更好的教学效果是讨论的主要议题。

## 二、教学实践及问题

构成是一种通过对生活和身边事物的观察和分析，经由对视觉语言的抽象概括提炼，并运用相关设计原理及法则进行创造性的组合的过程。这个过程本身就包含要对周围世界发生的新变化密切关注并依托之进行创造性的行为，但是往往因为教育者固有的教学思维和程式化的教学范式，不太轻易地进行改变，从而造成现代构成教学中的一些困惑和问题。

## （一）常规教学理论的授课模式

"先理论，后练习"成为教学固定套路，教师在常规教学中，一般采用先进行理论引导，后设计实践训练专题，让学生有序地进行理论到实践的学习认知。但由于学生仅在上课时才能进行系统的理论学习，之前没有很好地被引导借助媒体手段进行学习资源的探索和素材收集，无形中降低了课堂的效率，加之构成设计课堂一般被设计成理论讲授加上实践训练的四节课连上的形式，学生在课堂上最终表现的作品没有足够的时间形成很好的展示效果，进而教师不能很好地监测到学生对理论学习的成果。为提高课堂教学效率，在授课之前教师应设计相关教学预习环节，引导学生带着问题，结合多样的新媒体载体，开展"自主式"的学习是关键。启发式教学是在一定形式和任务要求的指导下，更快地让学生更好地适应课程教学内容，激发创造性思维，从而实现教学目标的更好达成。

## （二）表现手法的局限性

传统构成教学中，设计制作的表现手法往往局限于传统工具的绘画表现，在平面构成、色彩构成以及立体构成方案设计阶段采用工具手绘的形式居多。传统手绘对学生的最初创意表现以及绘画基本功的训练有得天独厚的优势，并且是设计意图反复论证阶段必须经历的过程。但是其劣势也较为明显，费时费工，对错误修正和反复修改没有优势。数字媒体的介入提供了很好的解决方案，就如何形成两者之间的完美对接，突破表现手法的局限性是现代构成教学关注的技能表现层面的关键。

## （三）专业认知度低，学习针对性弱

构成设计是设计学科必修的专业基础课程，为各种设计学专业提供最基础、最有效的设计法则和视觉规律，但是，由于各个专业具有不同的研究领域，不同研究领域对构成课程设计原则的适用性都有其不同的需求。传统构成教学中，过多地关注方法论本身的探索过程，大量的练习和训练仅集中在对视觉规律的参透上，最终作品没有呈现出较为清晰的专业指向。缺乏对专业领域发展需求和发展趋势的引导，从而造成创新实践的方向和定位不够精准，课程教学溢出的指导效益不高。以数字媒体艺术专业为例，在对点、线、面基础构成练习的过程中，如何引入点线面构成形式在新媒体艺术表现中实现静态图形往动态影像表现的方案解决可以成为课程解决的重点和难点。在构成设计教学中，如何使学生带有专业属性的倾向去解决专业领域的现实问题是加强专业课程衔接的重要途径。

## 三、数字媒体语境下的教学方式改革

数字媒体手段在构成实践教学中的应用（数字媒体艺术专业构成基础课程的特点）包括以下几个方面。

### （一）新媒体手段在"启发式"教学中的作用

在"实证主义"设计研究的哲学范式分析中，对设计师进行了较为明确的定位。设计师不只是要进行具体材料、技术和物理决策，更重要的是要从一个更为广泛的社会、环境、文化的角度对设计进行思考。信息社会中，我们对世界的探索、知识的获得不仅仅停留于传统的方式，各种新媒体载体成为我们获得新知识的重要工具。现代教学中，"启发式"教育理念正是要借助大量的新媒体工具和数据资料让学生根据具体学习目标，自主完成对问题最初的理论和实践探索。例如，在构成教学中，先激发学生发现生活中的具有构成意味的视觉形式，从中获取有关信息，可以借助一款"形色"手机APP，在拍照获取素材的同时，借助媒体获得对对象物的精准认知，从而激发学生更好的学习兴趣和获得更多的信息储备。同时，在作业成果的展示环节要求学生不仅局限于PPT的各种动态图形的媒体展示方法。

### （二）数字化表现技能的有效介入

计算机绘画、新媒体推广手段的运用使得现代构成课程呈现出新的发展态势和教学效果。在经过最初的思维创意的拓展和手绘草图的精心筛选后，如何有效率地进行作品表现成为课程最终成果需要解决的重要问题。计算机辅助绘画设计无疑成为一个很好的选择。计算机辅助绘画设计凭借快捷、可反复修改、图形精准、色彩系统可控的优势，在作品最终表现环节体现出与市场商业标准高度匹配的特点。在现代构成教学中，保持创意构成阶段采用大量手绘设计训练的优良方法之余，提高学生使用数字技术手段表现设计成品的技术能力，切实提升教学质量，建构多元化的学习环境。

### （三）借助新媒体资源开展"模块化"教学

针对不同的专业属性，设计独立性、指向性强的实践教学模块。借助课程模块化，开展与专业归属行业结合紧密的设计实践专题。各教学模块设置专题实训，结合专业项目的需求，进行快题训练，提高学生的快速反应能力、设计思维的创造性和快捷的方案设计能力。同时，为提升设计的领先意识，教学过程中设计"经典案例分析模块"，结合国际重要展示展览经典案例进行深度剖析。通过新媒体实时跟踪国际知名展示展览获得重要参展商以及最新资讯，注重设计前沿信息的发展态势。

新媒体语境下对构成设计课程教学展开创造性的变革，是针对媒体环境的变化以及接受群体获得信息的特点进行的教学尝试，探索师生在构成设计课程教与学的过程中如何更好地获得资讯、提升创新能力的途径。借助新媒体手段进行更多更合理的知识储备和解决方案的参考是提升教学效果的有效途径，数字技术的有效介入很大程度上提升了构成作品表现的质量。同时，"模块化"的专题实训解决了问题针对性的有效性，更大程度地提升学生对专业学习的认知。

# 第七章 高校实践教学体系概述

## 第一节 高校实践教学体系研究现状

近些年，为了深化高校创新创业教育改革，有效推进双创人才培养，教育部出台了一系列鼓励创新创业教育的政策。有效构建和优化实践教学体系作为培养学生双创能力，提升学生实践能力的重要途径，服务创新创业教育，培养满足社会需求的应用型高素质人才，成为当前我国高校开展创新创业教育改革迫切需要解决的问题。

国外高等教育的实践教学发展较早，实践教学体系相对完善。普拉克·玛格丽特等人在分析赫拉德茨·克拉洛韦大学未来教育学院的本科实践培训体系的现状和需求中指出，实践体系最大的问题之一是缺乏时间进行反思和评估。莫斯利·卡罗琳等人采用自动手势识别系统，对兽医本科学生常用的技术进行了教学评价，该系统的特点是适度游戏化，旨在激励学生反复使用机器，提高学生对实践教学的熟悉程度。泰克格雷伯等人将解剖学课程与CT、超声等横断面影像学结合起来，加深了学生对临床解剖学的理解，构建了人体解剖学的实践教学体系。英国的BTEC教学模式、北美的CBE和德国的"双元制"教学模式均明确了实践教学实施、管理与评价。国内的高校实践教学体系研究集中于以下几个方面：一是实践教学体系内涵与目标研究。高等农林本科教育实践教学体系改革的研究与实践课题组界定了实践教学的内涵，提出实践教学体系包含动力、目标、内容、管理、条件5个部分。郑春龙等人提出构建以创新实践能力培养为目标的一体化实践教学体系及保障措施。

二是实践教学体系模式研究。李培根等人对标工程教育的时代要求，指出目前的实践教学在教学目标、体系设计、教学方法、教学条件和师资队伍5个方面存在问题。时伟通过对比理论教学，指出大学实践教学是以课程实践教学为主体、专业实践教学和社会实践教学为两翼的逻辑体系。周静等人通过院校资源整合，提出融合"新工科"背景下的理工科专业"四层次四方位"实践教学体系模式。袁华等人基于OBE理念，构建了以实验、实习、实训为载体，以创新、创业为导向，以育人为核心的"三实两创"实践教学新体系。刘建平等人针对高校毕业生就业难的问题，提出构建"产教融合、校企合作"的实践教学体系。

目前关于高校实践教学体系的研究，国内外学者大多从培养创新应用型人才的目标出发，对师资、实验基地、实践内容、教学技术等方面进行调整，将实践教学体系与理论教学体系区分开来，明确目标、选择模式，对构建和优化实践教学体系有重要指导意义。本节运用文献计量和可视化分析法，借助 Cite Space 软件，深入分析我国高校实践教学体系研究现状与发展动态，探讨现有研究的不足，提出有针对性的建议。

## 一、数据来源与研究方法

### （一）实践教学体系内涵界定

张忠福强调实践教学体系包括内容、目标、保障以及评价等部分。史金联指出实践教学管理在高校教育教学活动中占有特殊的地位。结合前人研究成果，本研究界定实践教学体系主要包括目标、内容、管理、保障以及评价5个部分。

### （二）数据来源

以中国知网（CNKI）为文献检索平台，高级搜索中选择"期刊"，期刊层次选择"北大核心"，时段为"1998—2018"。以"实践教学"为篇名，分别包含"目标""内容""管理""保障""评价"为篇名，进行精确检索，剔除部分无效文献后，最终获得281篇有效文献。

（三）研究方法

CiteSpace可视化分析法：基于CiteSpace软件，通过将引文、共词、共被引等关系以图形的方式表达，直观地显示研究对象的知识结构关系，便于揭示其演进规律。本研究针对1998—2018年以实践教学的目标、内容、管理、保障、评价为研究内容的281篇核心论文，进行格式转换后，选择时间分区为1年，g-index为原则的节点选择方式。通过CiteSpace可视化分析，直观地绘制出实践教学目标、内容、管理、保障、评价研究的作者、机构以及关键词的科学知识图谱。

## 二、实践教学体系图谱分析

实践教学思想起源于20世纪中期，在不同的发展时期，实践教学研究的侧重有所不同。以下从目标、内容、管理、保障、评价5个方面对实践教学进行统计分析，进一步探究高校实践教学体系的研究进展与发展走向。

（一）研究内容时间序列分析

从整体上来看，1998—2005年高校实践教学研究数量处于低谷期，2006年后逐渐增多，在2012年达到峰值，2012年后呈波动下降趋势。研究文献数量的变化与教育部出台相关政策和文件的时机有较好的一致性。2001年教育部发布《关于加强高等学校本科教学工作提高教学质量的若干意见》，提出需进一步加强实践教学，培养学生的创新精神和实践能力，此后相关研究逐渐增多。2010年出台的《国家中长期教育改革和发展规划纲要（2010—2020年）》明确指出，创新人才培养须坚持教育教学与生产劳动和社会实践相结合。2012年教育部发布《关于全面提高高等教育质量的若干意见》，也明确指出要加强实践育人，可见2012年相关研究文献数量呈现高峰态势。多项教育政策和文件的出台，体现了教育部对实践教学的重视，掀起了高校实践教学创新建设与不断完善的热潮。2014年之后，实践教学体系趋于完善，因此相关研究文献的数量逐渐减少。

就高校实践教学研究内容而言，主要体现在以下5个方面：第一，实践教学目标方面，共计47篇。1998—2006年相关研究接近空窗期，仅在2001年和2006年有2篇产出，在2008年有小起伏增加至5篇，在2012年达到峰值14篇，之后又下降并稳定至每年2~3篇。第二，实践教学内容方面，共计28篇。研究数量总体呈上下波动，每年不超过5篇，总体研究文献数量偏少。第三，实践教学管理方面，共计76篇。1998—2005年是研究低谷期，平均年产出2.7篇，2006—2018年研究数量明显增加，其中2014年达到最高值。第四，实践教学保障方面，共计43篇。这期间出现了3个研究小高峰，分别在2008、2010、2012年，篇数分别为7篇、5篇、8篇。计量分析显示，制度保障、管理机构保障、师资保障、评价体系保障是实践教学保障体系中不可缺少的组成部分。第五，实践教学评价方面，共计87篇。1998—2004年是研究空窗期，仅在1998年有1篇研究文献产出，自2005年起研究文献数量逐渐增加，2009—2016年数量达到每年86篇。

综上所述，由于国家政策的出台对相应研究有重要引领作用，因此引起了研究数量的起伏。高校实践教学研究的时间序列分析显示，目前我国的高校实践教学相关研究总体呈现出文献数量下降、内容多集中在评价和管理方面的特征。

## （二）主要研究者分析

朱雄才、朱文涛、陈丽能、汤美安、韩涛、李兰巧等学者刊文相对较多。朱雄才等人基于对高职毕业综合实践方式与应职应岗能力形成关系的分析，确定了评价的基准、原则和内容，构建了较为完整的实践教学评价指标体系与评价方法。李兰巧对中外合办学校从办学模式、培养目标、专业设置、课程结构、教材建设、教学方法、师资队伍和产学合作等方面进行了较详细的分析，为实践教学的完善提供诸多的方向。韩涛等人通过对土木工程应用型人才塑造过程中存在问题的分析，明确了实践教学的目标含义及其重要性。经过查证，以上发文量排列前六位的作者均为教育工作者。实践教学是促进学生融入社会并了解就业岗位的重要教育方式,但缺少社会企业人员的加入,体现了现有实践教学研究的不完整。因此,今后的实践教学建设应当更加重视加强校企合作,协同完善实践教学体系。

## (三)主要研究机构分析

根据 CiteSpace 统计,高校实践教学的发文研究机构主要是北京农业职业学院、三明学院教务处、健雄职业技术学院、聊城大学建筑工程学院。技术类高职院校是实践教学研究成果产出的主要来源。高职院校主要培养面向社会就业岗位的高技能应用型人才,历来非常重视实践教学,因此创造了大量相关研究成果,对普通高校的应用型人才培养具有积极的借鉴意义。

一方面,1998—2018 年实践教学研究的主要发文机构多分布在我国东部地区经济较发达省份,推测教育资源分配的差异成为导致中西部地区尤其是西部地区研究文献数量偏少的主要原因。另一方面,发文机构集中在高校,企业人员的协同研究缺失,表明学校与企业的互动强度不足。上述问题可能整体拉低我国高等教育实践能力水平,影响中西部地区实践型人才分布,进而加剧我国东、中、西部地区发展的不平衡,建议在今后的发展中加强中西部地区的相关实践教学体系研究。

## (四)关键词分析

利用 CiteSpace 对 1998—2018 年核心期刊中出现的关键词频次和网络中心度进行统计,以透视不同时期实践教学关注主题和研究方向。在实践教学的研究进程中,研究的关键词主要包括"实践教学""高职院校""实践教学体系""思想政治理论课""高等职业院校""高职教育""教学评价""质量保障体系""教学质量""内容体系"等。其中,关键词"思想政治理论课"的出现,表明思想政治教育中的实践教学逐步受到重视。这一特点与教育部于 2019 年 9 月 16 日印发的《"新时代高校思想政治理论课创优行动"工作方案》中提出的实施高校思政课教师社会实践专项工作,有着明显的一致性。"高职院校""高职教育""高等职业院校"等关键词的出现,表明实践教学多被强调于职业技术教育中。"实践教学体系""质量保障体系""内容体系"关键词的出现，表明实践教学体系的框架逐渐明晰。

在本节所列实践教学体系的5个组成部分中，除"目标"外，其余4个对象均以不同频次出现在研究关键词中。其中，"保障"出现频次最多，达13次；"内容"出现8次；"评价"出现8次；"管理"出现2次。由时间序列特征可知，2005年的关键词为"内容体系""构建"，这是我国实践教学体系建设的开端。2007年"教学内容""质量""质量保障"等关键词的出现，表明实践教学体系雏形基本形成。2008年的关键词依然为"保障机制"，此外"创新能力"首次被重视。2010年"高职""实践教学评价""管理"开始被关注。2012年"实践教学评价"仍在发展，"构建与实施""教学改革"的出现缘于国家相关政策和文件，而相关政策和文件又促进实践教学研究的再升华。2013年"高校思想政治理论课"受到重视，"高职院校"热度不减，"实践教学保障研究"再度被关注。2014年后"高职实践教学""高校思政"研究占总研究较多。

## 三、研究动态分析

### （一）实践教学的目标研究

第一，实践教学的人才培养目标。李景宝基于独立院校本身的性质，指出独立院校实践教学人才的培养目标是从社会需求出发，培养学生具备学习能力、实践能力、创新能力、创业能力的应用型本科人才。谢小苑等人将实践教学目标分解为基础、提高和应用三个层次。

第二，实践教学目标的定位。韩涛等人认为实践教学的目标定位应立足于寻求与专业基本理论的有机结合和融会贯通。谢丽娴等人认为高职思想政治理论课实践教学目标应定位在育德、育能、育情三个方面。

第三，实践教学目标体系的建立。杨彩卿等人认为高职教育特色的实践教学体系是高职院校培养高技能人才所面临的一项艰巨而紧迫的任务。曾旭华等人认为教育的目的是培养能力，指出高职院校以培养学生职业能力为目的构建实践教学目标体系。

实践教学目标的研究内容主要关注人才培养、目标定位、目标体系构建三方面。这表明以往我国的实践教学目标探索、院校特色以及基础水平是首要影响因素。目标不仅涵盖动手能力,还包括职业道德素质、创新创业能力等多个方面,并随着社会需求的发展而不断丰富。此外,思政教育实践教学目标研究成为近年来学者关注的热点问题,与国家主流意识形态演化一致。现有的实践教学目标研究显示,由于现代高校学生所需掌握知识的广泛性,毕业生就业的不定向性,导致人才培养中综合能力、跨学科综合实践等教学目标模糊的问题。

（二）实践教学的内容研究

第一,实践教学内容。宋宁等人指出对实践教学内容进行顶层设计、精心挑选、整合优化、系统分类、明确目标、细化方案,必能培养出符合社会需求的实用型人才。隋振中认为应将实践教学内容进行模块划分,这样更易对原有内容进行取舍,吸收新内容更方便快捷。

第二,实践教学内容体系。朱方来等人认为高等职业教育具有相对的独立性,在构建实践教学内容体系时,必须立足高职教育的培养目标和实践教学目标的形成机制与规律,既要注意实践教学与理论教学的联系,又要注意本身的完整性和独立性。赵翼虎认为建立体育实践教学内容新体系,适度细化教学内容,使其安排和选择在理论层面上更科学,在实践层面上更具有可操作性。

实践教学的内容是实践教学中最重要的部分之一,始于理论而又有其自身独立性,它属于一个知识性的模块。因此,多数研究都强调对实践教学内容的细化,并结合相关理论来开展,以提升实践教学质量。在科学技术快速更迭的时代,实践教学的内容应有超前性,以启发学生对新科学的思考。国外的实践教学强调在其实验内容上,始终与科学技术的发展同步。目前,面对"新工科""师范类资格认证""工程教育专业认证"等新政策要求,现有的实践教学内容研究不足。

## （三）实践教学的管理研究

第一，实践教学质量管理。王源远等人认为要保证质量管理的可持续性，必须构建科学、规范、高效的质量管理体系。张菊芳等人认为将计算机技术和网络化管理引入实践教学质量管理中，建设实践教学质量管理平台，对加强学生实践活动的全面管理，提高实践教学整体质量具有重要的作用。

第二，教学环节管理。邢莉燕认为应鼓励学生主动参与，实现真正意义上的理论与实践相结合。温琪莱等人认为应树立系统观念，探索实践性教学管理的有效途径，全面提高实践教学质量。

第三，管理模式与制度。余新科等人认为应采取专业实验教学的实验中心管理模式，基础实验实习的网络管理模式，实验实习教学建设的项目管理模式，制度化、程序化的实践教学管理模式。林燕认为应构建教学融入、管理融入、师资融入、文化融入的"四个融入"实践教学管理模式。刘昕认为实践教学质量的提高需要充分发挥教师教学主体和学生学习主体的主观能动性，将管制型制度改成服务型制度。

综上所述，关于实践教学的管理研究，多数集中在教学质量管理、教学环节管理以及制度管理三大方面。本研究认为实践教学管理的网络化与制度化是保障教学管理工作开展的有力手段，应当立足学生视角开展实践教学活动，使学生主动投入其中，逐渐构建起制度强制与学生主动并存的实践教学全方位管理体系。实践教学管理的研究既符合现代社会发展规律，也考虑到学生作为主体的重要性，使实践教学管理更加科学。但现阶段实践教学管理的研究仅涉及管理的方式方法，管理的效果未可知。由于实践教学与课堂理论教学不同，管理难度较大，因此研究成果的展示不可或缺。

## （四）实践教学的评价研究

第一，教学质量评价。陈红认为教师教学质量的评价能有效促进教学质量的提高，建立教学质量评价模型要注重全面地反映学生对教师实践教学质量的评价。[①] 田鸣等人认为实践教学质量评价需要在实践过程中不断探索

---

① 陈红. 小学语文差异教学策略[M]. 长春：东北师范大学出版社，2022.

完善。①

第二，评价体系。冯燕芳认为实践教学评价指标体系构建应遵循科学性、全面性、操作性和动态性原则。②

第三，高校思想政治理论课实践评价。李邢西认为只有健全学校、教师、学生共同参与的评价主体队伍，建立健全标准、方法、内容细致明确的评价体系，构建立体、多维、互动的反馈机制和奖惩制度，建立健全、科学的考核评价机制，才能使高校思想政治实践教学达到应有的效果。③高继国等人认为应构建自评与互评、他评相结合的多元主体高校思想政治理论课实践评价体系。④

实践教学评价贯穿整个实践教学过程，是实践教学质量的有力保障。多数研究均指出应深入探索评价指标，多层次构建实践教学评价体系。目前，许多实践教学评价研究涉及高校思想政治教育，逐渐破解高校思想政治教育重理论轻实践的难题，促进高校开展思想政治教育的实践教学工作。但不足之处是，目前研究的实践教学评价体系大都在个体院校的基础上构建，不具备在整个单一领域的普适性。这对处于起步阶段的高校思政教育的实践教学较为不利。

（五）实践教学的保障研究

第一，实践教学质量保障体系。郑永江认为教学质量保障体系必须包含不同的质量标准，具有多方保障主体，同时重视实践教学环节。陈平等人认为以引入校企合作的方式完善实践教学课程，形成符合本专业特点的实践教学质量保障体系，从而促进实践教学质量的整体提升。

---

① 李国艳，田鸣.高职学校教学运行管理制度与规范[M].北京：经济管理出版社，2014.

② 冯燕芳.多维视域下的马克思主义哲学研究 阐释、评价与反思[M].北京：科学出版社，2018.

③ 李邢西.探索实践发展 北京物资学院思想政治理论课教育教学与理论研究论文集[M].北京：中国财富出版社，2013.

④ 张春和，高继国.思想政治理论课实践教学指导 一年级[M].成都：西南交通大学出版社，2012.

第二，思想政治理论课的实践教学。张国富等人认为高校思想政治理论课的实践教学若想取得成效，关键是要建立一套完整的各方通力合作、密切配合的保障机制。

第三，安全保障体系。叶树铃等人强调了工程实践教学安全工作的特殊性，指出了构建包括安全防控机制、安全教育机制、安全监督评价机制、事故应急处置机制的安全保障机制。程建川等人通过参考国外野外实践教学安全保障机制，构建出由立法体系、预防体系、管理监督体系、事故处理体系组成的野外实践教学安全保障体系。

保障是一切工作的前提。为保障实践教学的合理性，校企合作等联合机制一定程度上可保护实践教学的成果，但也存在不足之处：实践教学保障涉及范围广泛，既有多方面的保障对象，又有多方面的保障单位。因此，需要负责保障各个对象的各个单位之间加强合作联系，从而使保障工作科学有序地进行。然而，目前并没有关于负责各个保障对象的各个单位加强合作联系的研究，并且对安全保障，不仅要重视工程专业与野外实践的保障，也应重视实验室与人为安全因素的保障。

本节基于 Cite Space 文献计量和可视化分析法，围绕高校实践教学体系的目标、内容、管理、保障以及评价 5 个方面的研究，开展了作者、机构以及关键词的知识图谱时空特征分析，进而对高校实践教学体系的研究现状和发展动态进行了述评和分析。研究结论如下。

第一，实践教学发展波动起伏。在管理部门相关政策出台影响下，2012年实践教学研究进入高峰期。整体而言，实践教学管理方面研究成果丰硕，实践教学内容研究较为薄弱。

第二，作者、机构、关键词的实践教学知识图谱分析显示，技术类高职院校是实践教学重要研究成果产出的主要来源。思政教育成为近年来实践教学的关注重点。

第三，深入探讨实践教学体系五部分的研究，结果显示：实践教学目标研究集中于高职院校，涉及其他层次高校实践教学目标的研究较少，且2012年后实践教学目标研究日益减少；实践教学内容研究主要关注教学内容的细化，对"新工科""师范类资格认证""工程教育专业认证"等以结果为导向的实践教学专业内容涉及较少，缺乏专业性与针对性；实践教学管理研究侧重教学质量、教学环节与教学制度，立足学生视角，不断改善管理方式。不足之处是研究缺乏成果展示，管理效果未知，并且将新技术应用于管理的研究较少，实用性有待提高；实践教学评价研究主要侧重各自专业领域评价指标体系建立，跨专业领域的普适性指标体系研究较少；实践教学保障研究广泛，主要关注系统内或专业领域，缺乏跨系统、跨专业领域的联合保障机制研究。

我国经济发展阶段及产业结构类型决定着社会需求以及高校实践教学体系建设的着力点。探究实践教学研究进展与发展动态对高等教育的发展具有积极意义。根据本节研究结论，结合社会实际，提出以下建议。

第一，管理部门应深入分析社会需求与高校教育的对接，对实践教学体系进行全面、科学的顶层设计，精准发力。例如，在大力提倡创新创业教育的同时，实现"新工科""师范类资格认证""工程教育专业认证"等类似技术类学科与方向标准体系的尽快建立，明确以产出为导向的实践教学体系标准以及评价方案。

第二，各高等院校应梳理和细化各专业实践教学内容，加强思政教育的实践教学内容建设；突出以学生为主体的实践教学管理制度设计，充分完善专业教师的学情分析制度；实现资源共享视角下的实践教学平台建设，在教学资源不均的情况下，最大限度地形成实践教学平台的共享机制。

本研究只针对高校实践教学体系研究进展与发展动态进行初步探讨，政府教育部门、高校管理部门、高校教师、大学生以及社会企业还需进一步思考制定信息沟通、资源共享机制。用实践逻辑体系设计大数据库，实现大数据的挖掘与分析，将有利于实践教学体系研究方向的研判、调整以及制度设计。

## 第二节　高校实践教学体系构建

实践教学是高等学校人才培养中的重要环节，它既与理论教学存在互融、互释、互补的同构关系，也有自身教学目标、教学面向、教学模式和方式的异质性。《国家中长期教育改革和发展规划纲要（2010—2020年）》明确提出：各类高等学校要加强校内外实习基地、实验室、实验实践课程教材等相关方面的基本建设，不断强化实验实践教学环节。教育部、财政部《关于"十二五"期间实施"高等学校本科教学质量与教学改革工程"的意见》（2011年）在"实践创新能力培养"部分明确提出"整合各类实验实践教学资源，资助大学生开展创新创业训练"等要求。教育部《关于全面提高高等教育质量的若干意见》（2012年）亦指出：高等学校要切实加强实践教学管理，强化实践育人环节，不断提高实验实践教学质量。此外，教育部发布的《关于2013年深化教育领域综合改革的意见》（2013年）同样提出：各类高等学校要探索创新人才培养途径，切实加强实践教学和创新创业教育的改革意见。实践教学体系建设日益引起各高校的重视。自2014年起，烟台大学化学化工学院根据上级要求，针对人才培养过程中实践教学体系不完善、实践教学学时少、学生动手能力差等问题，系统地进行实践教学体系构建与实践，取得了不错的效果。

### 一、适时修订培养方案，提高实践教学比例

以培养既有系统理论知识、又有研发潜质和工程能力的应用型人才为目标，在育人的过程中贯彻"科学与工程一体，理论与技术相融，知识、能力、素质并重"的人才培养理念。先后多次修订培养方案，实践学分达到30%以上，遵循工程技术人才的培养规律，实行"化工基础、化工过程、化工实习实训、化工模拟与设计"四个递进式阶段教学，全面提高学生的综合素质和实践能力，培养符合社会、企业要求的高素质应用型人才。

## 二、多措并举，构建实践教学体系

### （一）实验教学体系建设

以实验示范中心建设为牵引，整合实验室资源，借鉴国内外先进的教学理念，结合实际情况，构建实验教学体系。实验教学体系由实验教学目标体系、实验教学内容体系、实验教学管理体系、实验教学条件体系、实验教学效果评价体系构成。实验教学目标体系是实验教学所要达到的目标和标准；实验教学内容体系呈现具体的实验教学内容，是实验教学目标体系的具体体现；实验教学管理体系包含了实验教学的组织管理、运行管理、制度管理三个方面，保障了实验教学的正常运行和实施；实验教学条件体系包含了实现实验教学的硬件条件和软件条件，为整个实验教学体系起到保障作用；实验教学效果评价体系是对实验教学质量和效果的监控和评价。五个部分既相对独立，又紧密联系，形成了一个有机整体。

针对化学和化工类学科的发展趋势及社会发展的需求，确定了化学化工基础实验教学的三个层次：第一层次，基础验证性实验。在充分考虑本科生入学基本状况、加强基本操作和基本技能训练、重视学生基本素质培养等基础上，确定基础验证性实验内容。第二层次，综合设计性实验。以掌握基本的化学研究方法为目的，旨在帮助学生掌握基本的化学科学研究方法。第三层次，研究创新性实验，旨在培养学生的创新能力，学生自主实验，突出学生的个性培养，为培养拔尖人才创造条件。据此构建三个实验课程平台，即基础化学实验平台、综合化学实验平台及大学生开放创新实验平台。

### （二）实习实训体系建设

以推进产教融合、校企合作为契机，全方位调动企业资源，为学生实习实训创造条件。产教融合是指高等院校根据所设专业，积极开拓校企合作的人才培养机制，把产业与教学密切结合，相互支持，相互促进，形成学校与企业浑然一体的办学模式。《国务院办公厅关于深化产教融合的若干意见》

（2017年）明确将产教融合作为高等教育改革发展的重要举措。为推进产教融合校企合作，烟台大学化学化工学院做了以下尝试。

与企业合作共同研发，如学院有机新材料团队与淄博世纪联合新型建筑材料有限公司等单位合作，共同研发功能有机助剂，取得良好效果。"碳四分离"教师团队立足技术创新，坚持走产、学、研、用相结合的路子，二十多年如一日，形成了"基础研究—过程研究—工程研究"融为一体的鲜明特色。碳四分离成套专利技术已完全替代了国外技术，成功转让了新疆天利、大庆中蓝、大连大化等三十余家企业四十多套装置，企业新增价值可观。2018年其专利技术"用甲乙酮系列混合溶剂分离丁烷与丁烯的方法"荣获中国专利金奖。通过与企业的广泛合作，不仅解决了企业的技术难题，同时也为科研和课程设计、毕业论文等环节提出了新的课题，为学生理论和实践课程提供了大量优秀素材。

与企业共建相关平台，如科研平台、技术开发平台、人才引进平台等。以项目合作形式与山东京博石油化工有限公司、山东玉皇化工（集团）有限公司等大中型企业深度合作建设"轻烃资源化综合利用协同创新中心"，推进课堂理论知识与工业实践的深度结合，增强工程技术理念和创新创业意识培养。针对应用型培养方案的要求，打造了"专业实践—仿真与认识实习—生产实习"三阶段实习体系，尽量延长学生在企业实践的时间——切实与工业生产相结合，实现理论与工程的真正贯通。学生在山东京博石油化工有限公司、富海集团有限公司进行生产实习期间，为生产车间提出多个切实可行的工艺优化方案，得到企业的一致好评。

打造实践教学平台，与多家企业合作共建实习实训基地。通过凝练相关行业的关键共性工艺，与企业共同开发全3D工厂仿真系统，建设按真实工厂同比例缩小的煤制甲醇典型化工过程实体模型，建成贯通特色化工项目技术的虚拟仿真中心。通过仿真模拟与半实物操作相结合，开阔学生思路，提高学生的动手操作能力，进一步激发学生自主学习的积极性，锻炼分析问题、解决问题的能力。

组建大学生学科竞赛平台，以赛代练、以赛促教。为了系统培养和提高学生对化工知识的综合运用能力，抽调具有较强工程设计经验的教师，组建"化工设计创新平台""大学生化学化工创新创业中心"，构建"虚拟全国化工设计大赛"。指导学生每年参加全国大学生化工设计大赛、化工原理实验大赛、化学实验技能大赛等比赛。学术参与积极，效果良好，连续多年在全国大学生化工设计大赛中荣获一等奖、二等奖。

### （三）想方设法为学生毕业论文（设计）提供新空间

毕业论文和毕业设计是本科生人才培养过程中的重要一环。由于学生人数增加，实验仪器设备台套数和实验室面积面临不足的问题。为扩展学生做毕业论文（设计）空间，学院积极与企业、研究所和高水平大学合作。如每年有三十多名学生在中国科学院烟台海岸带研究所做毕业论文（设计），每年有若干名同学去清华大学做毕业论文，有部分同学在企业导师指导下做毕业论文（设计）等。在研究所和高水平大学做毕业论文（设计）的同学能够得到比在本校更加系统的科研训练，在企业做毕业论文（设计）的同学则直接联系生产一线，理论联系实际更加"接地气"，也能得到很好的训练。

### （四）不断加强师资队伍建设

学院不断充实师资，近五年引进毕业于国内重点高校和研究所的青年博士三十多名。在一年的助教期满后，这些博士均充实到实践教学一线。或指导实验、或指导实习实训、或指导毕业论文（设计）。青年博士们年轻有朝气，知识渊博，勤奋上进，很容易和学生们打成一片，有效提高了学院实践教学水平。

另一方面，学院注重"双师型"师资培养和引进。在人才引进过程中优先考虑科研与技术开发能力强、具备工程背景的教师。鼓励青年博士到企业、政府挂职或实习，不断提高"双师型"教师比例。通过培养和引进，目前专业教师中70%以上具有博士学位，"双师型"教师比例超过40%。教师中既有曾就职于大型石化企业、研究院、设计院的高层次工程技术人才，又有毕业于知名高校和研究所的青年才俊。同时，选聘企业中优秀的专业技术人才、管理人才和高技能人才作为企业导师 23 人，产业教授 9 人，着重在工程实践中培养学生的工程创新能力。2017 年，化学化工学院教师团队获评"山东省高校黄大年式教师团队"荣誉称号。

化学、化工类专业是实践性很强的专业，通过系统地优化实践教学体系并付诸实践，能够有效整合实验室资源，调动地方、企业等外部资源，促进人才培养质量提高，契合国家要求。经过几年的实践，人才培养质量不断提高，连续多年本科生就业率超过 95%。2019 年和 2020 年学院本科生考研录取成功率均超过 40%，2019 年首次在"挑战杯"山东省大学生课外科技创新竞赛中喜获特等奖，成功入围国赛并获得国家级三等奖，在全国化工设计大赛、化工原理实验大赛、山东省大学生化学实验技能大赛等各项赛事中频频获奖……当然还存在一些尚未完全解决的问题。例如，实践教学体系对提高学生创新能力有待进一步加强；产教融合还存在一些制度性壁垒，校企之间如何真正实现"互惠双赢"而更深入长久地合作；学生外出实践如何与教务管理部门、学生管理部门、后勤管理部门相互配合等，这都是今后在该研究领域需要进一步努力的方向。

## 第三节　OBE 理念下高校实践教学体系

在"工程教育认证"背景下，实践能力和创新能力培养已成为当前高等教育人才培养的重要内容之一。2019 年 9 月，教育部《关于深化本科教育教学改革相关意见》进一步指出，本科教育作为高等学校教育体系的重要组成部分，应加大实践教学环节的培养方式，让学生忙起来、让教学管理严起来、让教师教学活起来，让中国的高等教育、特别是本科教育质量提起来。随着第四次工业革命快速发展，原有的人才实践和创新能力培养方式越来越不适应社会的需要，也不能满足当前工程教育认证的相关标准要求。因此，在 OBE 理念指导下，强调以学生为中心，高质量培养优秀大学生，提高其实践能力和创新能力，是当前高等教育人才培养改革的重要内容。

实践教学是高等教育的重要组成部分，在学生的实践能力和创新精神培养方面起着不可替代的作用，是培养学生实践、创新能力的重要过程和关键环节。高校开设的各类教学实习、认识实习、课程设计、实验课程、实习实训等教学活动都是突出实践教学特点，提升学科专业建设、促进实践创新型人才培养的重要举措。本节从OBE教育理念出发，结合多年的实践教学经验及社会对学生的需求，在"工程教育认证"背景下探索符合当前社会人才需求的实践教学模式，以期在实践教学中不断激发学生的学习兴趣、提高学生的实践创新能力和综合素养。

## 一、OBE教育理念

OBE是一种以"学生学习效果为中心"的教育理念，主要注重于学生在获取知识的过程中，用什么样的教学设计、教学内容、教学方式让学生达到预期学习目的，以提高人才培养的质量。本节以OBE教育理念引入实践教学模式，主要强调学生在明确所学的知识体系基础上，引导帮助学生如何学习、掌握这些知识内容，最终目的是培养学生独自思考、发现问题、解决问题的能力，也旨在探索一种以学生为中心，以学生不断反馈为驱动，强调学生主动学习及取得良好的学习目标和结果的教学模式。高校实践教学环节是一种除了完成必备的理论课程学习之外，主要要求学生把离散、独立的理论知识通过实践贯穿成一个完整、连贯的教学培养体系的创新教学模式。如高校大学生的毕业设计、实习实训、实验课程等方面的实践环节，它不但可以提高学生学习效率、解决课程不懂的理论问题，还能培养学生的动手能力，将理论与实践相结合，提高学生的综合素质。

## 二、传统实践教学的局限性

实践教学是培养学生分析和解决复杂工程问题的重要环节，特别对于普通高校来说，它在调动学生的自主学习积极性，帮助学生发现和创造知识，提升高等教育的核心竞争力方面起着至关重要的作用。然而与理论教学相比，目前实践教学过程中仍存在以下一些问题。

（1）在实践教学活动中，实践设备和场地等实践教学条件大多不能满足实践教学的需求，学生很难将书本上的理论知识在实践中得以完全验证，大部分实践教学还依赖于书本知识。

（2）大多高校不具备相应的实践教学管理制度，更谈不上评估考核实践教学质量的评审体系了，实践教师没有明确的分工和相应的岗位职责，承担实践教学的教师积极性减弱，实训教学的质量难以保证，实践教学活动内容大多流于形式，实践教学目标成为虚谈。

（3）由于学校在职称评定、评优评奖、业绩考核等方面的政策导向，许多教师重视理论教学技能的水平，而轻视实践操作技能的动手能力，以致在实践教学活动中未能完成实践教学的基本要求，学生的专业实践能力很难达到预期的培养目标。

（4）在理论教学和实践教学的分配上，虽然按照教学计划划分相应的学时比例，但在实验教学的内容和时间安排上存在随意性，对实践教学活动的要求没有理论教学严格，管理不到位，导致实践教师的积极性不高。

由于各方面的原因，在实践教学中难以做到以学生的知识获取、能力提高、素质养成开展教学活动，而是理论知识的简单重复，不能引导、启发学生自主开展学习实践，从而无法达成学生适应社会需求的培养目的。因此，将 OBE 教学理念引入高校实践教学环节，创新教学手段，丰富教学内容，改进教学所采用的培养目标、毕业要求、教学内容、教学方法、师资队伍、教学条件等教学手段，构建符合社会创新型人才需求的实践教学体系十分必要。

## 三、OBE 教育理念对实践教学的要求

按照 OBE 教育理念的要求，实践教学要以学习者为中心，主要关注其实施后学生从知识获取、能力培养、素质提高 3 个方面取得的效果。因此，OBE 教育理念既是高校实践教学改革的一个基本切入点，更规定了高校实践教学改革的根本遵循。

（1）在知识获取方面，实践教学不仅要对所学的理论知识进行验证，更要注重在验证过程中如何激发学生发现问题，以此设计实践方案去解决发现

的问题，促进对所学理论知识的掌握和吸收。

（2）在能力培养方面，根据实践教学的内容，要注重学生自主学习能力的培养。引导学生自主或团队协助分工查阅资料，提高学生的学习能力。学生通过自主或分工学习的方式，可以预习实践教学环节的内容，更重要的是因为学生提前储备了一些实践经验和相应知识，在课上可以和教师形成良好的互动，达到理想的教学效果。

（3）在素质提高方面，以学生为中心的实践教学，可以激发学生的学习兴趣，提高学生主动获取知识，能利用所学的知识主动发现问题、分析问题、解决问题的能力，以此培养学生的创新意识、创新思维和创新能力，提高学生综合素质。

## 四、OBE 教育理念下实践教学体系的构建思路与具体措施

### （一）实践教学体系的构建思路

在大众创业、万众创新的时代背景下，高校实践教学应在以培养学生综合素质教育为核心、技术应用能力为主线、应变能力为关键的基础上，构建符合社会需求的实践教学培养模式。

（1）实践教学计划要符合专业特色，无论是毕业设计、实验课，还是实习、实训等环节的实践教学内容都要以专业人才培养目标为起点，在培养学生动手能力和自主思考能力的基础上，与培养提高学生的综合素质相结合。

（2）实践教学的内容要与学生毕业后所从事专业的岗位需要相结合。学生可以通过在校期间的实践教学，掌握相应的实践操作技能，或者具备自主学习能力，可以在独立思考和探索问题后提出自己的见解和解答，并能与同学进行讨论和交流，提高自己的沟通能力，为毕业后从事相关的工作奠定基础。

（3）实践教师是开展实践教学的首要条件，建设一支实践经验丰富的教师队伍是实践教学能否取得较好效果的基础。因此，高校应加大对实践教师的培养和引进，培养具有专业特色、指导实践教学的"双师型"教师，使其

能用科学的思维方式（提出问题→设计方案→得到结果→分析总结）讲授实践教学内容，训练学生利用科学方法解决实际问题的能力。

（4）制定评价实践教学质量的评价考核体系，通过评价体系，组织相关的专业教学人员对实践教学的教学计划、教学内容、教学方法等方面进行不定期的检查，形成量化指标，督促教师不断改进实践教学模式，也注重收集学生的反馈意见，这样不仅可以调动实践教师的积极性，还能发现问题并及时调整解决。与此同时，将对实践教学考核的结果反馈给学院、教务部门，作为老师职称评定、评优评奖、业绩考核等方面的依据，积极推动实践教学的良性循环。

（5）制定实践教学环节的管理规章制度，根据制定的规章制度，加大对实践教学各环节的管理，利用先进的管理手段，对实验安全、仪器与耗材管理、实验室环保工作等方面建立信息收集、整理和归档制度，对实践教学环节的各种信息及时进行记录，并做好统计、分析和归档工作，及时向有关部门提供实践教学管理的准确数据。

（二）实践教学体系的具体措施

（1）以竞赛带动实践教学。竞赛不但能调动学生学习的主观能动性，激发他们的学习兴趣，培养学生的创新意识、创新思维和创新能力，同时也能挖掘竞赛的成果，根据竞赛标准、内容和评价体系，调整实践教学模式，使其与竞赛良好对接，以更好地培养学生的实践能力，使实践教学活动真正建立在学生自主活动、主动探索的基础上。让学生经历全面的实践技能和科学研究的思想、方法的锻炼，切身感受专业竞赛的每个环节的重要性，全面培养和提高学生独立开展专业实践工作的能力，提高学生的组织沟通、团队协作能力，为学生将来从事相关专业的工作提供辅助支撑。

（2）实践教学与岗位技能培训相结合。结合社会培训机构成功的经验，推进"三个相结合"，即课堂、实验实训场所、企业环境相结合，学生、教师、企业培训人员相结合，课内与课外、科研、实践教学相结合。根据学生就业岗位技能的要求，定期邀请企业培训人员或者具有在企业工作经验的教师来学校为学生上实践课，现场分享他们工作的实践经验，或者为学校培训实践教学教师，分享专业知识在实际工作的应用技巧，以利于教师更好地开展实践教学，改革创新实践教学内容、教学方式和方法。

（3）科研课题进课堂带动实践教学。根据高校专业的培养计划，在夯实基本理论的基础上，注重在课程内容中及时融入国内外最新研究成果，将实践方法和科学研究前沿选题相结合，注重学生创新能力和实践能力的培养，鼓励学生尽早参加科研工作、开展科技创新活动，使学生在掌握基础理论的基础上，得到良好的基本技术的训练，激发学生的学习兴趣，培养学生的创新意识、科学研究素养和解决实际问题的实践能力。

在"工程教育认证"背景下，以培养学生实践能力和创新能力为目标，所进行的实践教学改革是一个长期、系统、科学、综合的过程。不仅要体现和突出专业特色和专业要求，还要以学生学习的效果为中心，不断创新实践教学新思路，不断整合、调整实践教学模式，动态调整实践教学内容、教学方法、考核标准和教学评价等。从而激发学生的专业兴趣，巩固专业思想，提高创新意识、创新思维和创新能力，以全面提高学生的综合素质。

## 第四节　转型背景下高校实践教学体系

近十多年来，随着我国经济的快速发展，高校规模不断扩大，大学生数量不断增加。但传统教育"重理论轻实践"的教育模式培养出的大学生却无法满足人才市场对于多层次、多规格、实践能力强的专门技术技能人才的需求。因此，大学需要分类发展以满足多样化的社会需求。2015年，教育部、国家发改委、财政部下发《关于引导部分地方普通本科高校向应用型转变的指导意见》，引导一些地方普通本科高校向应用型高校转变。应用型高校要想培养出"懂理论、强实践、高素质"的应用型人才，需要充分发挥实践教学的优势，做到产学研相结合。

## 一、应用型高校实践教学体系存在的问题

应用型高校以实践为特征，旨在培养学生具备今后所处社会环境和在他们的工作中能够高效、智慧、节约资源地、可持续性地解决问题的能力，因而，实践教学是应用型高校的重中之重。实践教学体系是指在培养技术技能应用型人才教育价值理念指导下，在实践教学过程中由各种要素相互联系所组成的有机整体。由于以前的大学没有学术型和应用型的区分，教育模式都是强调理论学习，忽视大学生的实践动手操作能力，实践教学只是单一地增加实践的环节和活动，没有考虑各要素之间的连续性和一致性。因而，转型过程中必然存在一些实际的问题。

### （一）实践教学目标模糊

在教学过程中，教学目标起着十分重要的作用，教学目标指导着教学的形式。应用型高校管理者能够明确学校教育教学改革的发展方向，增添实践教学的环节、增加实践教学的比例，但大多数应用型高校对于实践教学总体目标定义较笼统，环节孤立，不成系统，没有明确表述通过实践教学将使学生发生何种变化，达到什么水平的实践能力，也没有将目标进行拆解细分，提出系统的专业技能训练要求。导致教学活动无法以实践目标为导向，无法围绕教学目标培养企业需要的应用复合型人才，学生难以树立明确的奋斗目标。

### （二）实践教学内容陈旧

校企合作、产教融合是培养应用型创新人才的重要途径，但由于资金、利益等因素，实践教学内容不是由具有实践经验的企业人员制定，而是由本校的很少有实践背景的理论课教师制定，实践教学内容没有整体规划，实践内容陈旧，脱离生产实际，多为辅助理论教学内容或依据教材而增设的处于附属地位的验证型和演示型实践课时，缺乏针对学生适应将来岗位能力的综合型、设计型、工艺型、创新型的实践教学设计。由于教学内容没有从理论

到实践再到创新的承接关系,学生只是机械地按照实践教师的要求进行模仿,无法明确实践的内容对自己的帮助,处于被动接受状态,动手操作能力、分析问题和解决问题的能力没有明显提高,从而失去对学习的兴趣。

（三）实践教学形式有限

目前大学的实践教学主要有校内的课程实验实训、校外的见习实习两种形式。课程实验实训形式简单,收获不大。校外实习由于合作各方在目的、地位、资源等方面的不匹配,加上实习时间较短,学生不能独立承担任务,接收单位也只是让学生观摩或者干些无足轻重的零活而已。由于学生无法直接投入到实际工作中去锻炼专业技能,因而不能充分掌握实际生产需要的本领,更无法创造价值以及锻炼创新能力。虽然各高校也开展学科竞赛、社会调查等一些课外实践活动,但这些形式无法保证全体学生都参加。不能深入企业,流于形式的实践教学严重打击了学生增长能力、提升自己的积极性。

（四）实践教学评价单一

长期以来,由于大学的教学形式以知识传授为主,教学评价普遍采用卷面考试、论文等总结性评定成绩这种单一形式来考察学生的学业水平,这种评价形式对于理论知识的掌握具有一定的参考价值,但较难反映出实践技能的提高。对于实践教学也只是通过实验作业、实践打分、实验考试这种总结性的或容易评定的书面报告评价形式,没有针对学生专业技能提升以及各方面能力增长等过程性实践教学效果的考评标准。一锤定音的总结性评价不能客观真实地反映学生在学习过程中的动手操作能力以及技术水平的提高,学生努力的过程不在考评的范围之内,实践的效果得不到及时的肯定,久而久之将会失去内在学习的动力。

## 二、应用型高校实践教学体系构建

### （一）构建实践教学多层次目标

实践教学是应用型高校保证教育质量的关键模式，但实践离不开理论基础，应用型高校应本着提高学生实践应用能力和培养创新精神等专业素养为目的，根据学生的理论基础水平和动手操作能力制定切实可行的多层次目标。也就是说，既有总体发展目标，又有阶段发展目标，包括理论提升目标和技能增长目标。构建"基础教育—专业认知—技能应用—创新教育"逐级递进、有机衔接、科学合理的多层次目标。循序渐进、学练结合，明确各阶段各水平的实施计划和具体步骤，逐步提高学生的基本实践能力、专业实践能力和技术创新能力。当完成和落实了每一个实践教学具体目标时，培养技术技能型人才的总体目标也就实现了。

### （二）形成实践教学多样化内容

首先，开展实践教学不能完全摒弃专业理论内容的教学，理论知识是实际操作的基础和依据，教师在实践中要尽可能根据课程的特点、学生的工作需求以及社会相关行业的发展动态，充分挖掘课程自身资源，优化组合教学内容，努力在课程中为学生提供适合的实践平台，选取那些贴近职业岗位、训练专业技能等实用性强的内容。教学内容的设计突出层次性、递进性以及可操作性，采用随机通达教学，同一知识内容以不同形式、不同时间、不同情境、多角度呈现，通过开展问题启发式教学、案例教学、角色扮演等形式，将理论内容与实践相联系，激发学生的好奇心，发挥学生的主观能动性，训练学生的逻辑思维，培养学生独立分析问题解决问题的能力。除了理论教学内容转变形式外，依托课程而开设的实验课程可以选择包括验证性、设计性、综合性三层次的内容，给学生一个真实化的工作环境或者模拟化的工作环境，以便有效培养学生的职业意识和技能。实践教学还可以利用项目带动实践教学内容，让学生参与到老师的课题当中，将理论与实践相结合，用实践去检验理论，既能培养学生的动手操作能力，又能培养学生的创新精神。还可以通过"请进来、走出去"的校企合作形式，聘请企业专业技术人员和高校教师共同选取、设计符合学生就业需要、企业招聘需要的实践教学内容。

### （三）采取实践教学多渠道形式

丰富实践教学形式首先要充分利用课堂以及高校自身资源。课堂上，可以利用现代化教学手段与设备，通过观看视频、情景模拟，使实践教学活动从单向传输的形式转变为双向交互。课堂以外还可以通过开展实验实训、课程设计、学科竞赛、见习实习、毕业设计、社会调查等多种教学形式逐层递进，学生可以根据个人兴趣需求和学校共性要求有选择地完成一定学分的实践内容，通过内生动力和外在需求，使学生在专业领域从初步的了解到深入的掌握，从基本的动手操作到岗位适应。除了充分利用高校自身资源，国务院2015年发布的《国家中长期教育改革和发展规划纲要（2010—2020年）》提出"创立高校与科研院所、行业、企业联合培养人才的新机制"。高校要搭建实践教育平台，使单一的学校教学延伸到校园之外，积极开发校外实践基地，加强与行业、企业、社区的合作，将校外实践常态化、制度化，使学生能够真正地参与到工作中。而且多种实践形式更加活泼、有趣，充分调动了学生的参与意识、创新热情，提高了实践教学效果。

### （四）开展实践教学多元化评价

教学评价是提高教学质量和实现教学目标的重要保证，实践教学的评价不能只通过静态的书面报告形式。高校应针对实践教学内容、教学形式及教学目标的多样性，建立操作演示、答辩面试、卷面笔试等多元化的考核方式。且应该将学生的任务完成质量、工作态度、规章制度遵守情况、动手操作能力、团队合作、创新能力等多个因素纳入考核目标中，增加考核目标的多样性。而且要将考核持续贯穿整个实践教学过程，从检查学生的预习、实践操作程序到实践报告的撰写，整体而全面地评价学生的实践情况。根据实践内容的多元化设计，实践过程的规范化操作，合理分配各个目标、操作流程在评价中的权重比例，评价包括实践考核项目以及评分标准，既能够体现学生知识技能掌握的程度，也能发现其中欠缺的知识和存在的问题，使学生积极地投入到学习之中。

应用型大学培养人才离不开实践教学，实践教学是培养学生将理论与动手操作相结合的基本模式。应用型大学应该始终围绕培养应用型人才为目标来开展教育教学，使实践教学体现并贯穿于整个应用型本科院校人才培养模式之中，深化实践教学改革，夯实实践教学内容，拓展实践教学形式，形成实践教学体系，在发挥学校自身优势的基础上，提高学生的综合实践能力，真正发挥应用型大学的作用。

## 第五节　新农科背景下高校实践教学体系

农林高校是高等教育的重要组成部分，新农科背景下，农科类高校的发展尤为关键。当前时代背景下，农科教育有别于传统农业教育中的窄化局面，应当多元化、融合化，走协同发展的道路，将农业与医学、农业与市场营销、农业与工程、农业与艺术、农业与语言结合起来，建立先进的农业教育理念。

### 一、新农科背景下高校的发展

高校是培养人才的地方，对于绝大多数农科学生而言，出身于农村，其眼界、知识面、人脉资源等都相对落后。抓住新农科时代契机，努力发展融合教育，践行实践教学，打造应用型创新人才，是农科学子成才的重要途径，也是当前农业类院校发展的重要目标。目前，各农业高校都进行了一系列改革，开展学科间的交叉融合，并与世界各地的高校、企业进行合作，均取得了一定的成效。2019年5月，仲恺农业工程学院与腾讯公司签署战略合作协议，助力学校在产学研、智慧校园方面的发展。2019年8月，仲恺农业工程学院与华大集团举行战略合作签约仪式，助力学校在基因科学、高等教育事业方面的发展。中国农业大学正在与美国、俄罗斯、荷兰、新加坡等国家的高校探索农科人才培养新模式。东北林业大学致力于学科交叉的融合，正在努力推进计算机、生物、化学与林业学科的交叉。华中农业大学积极推行产教融合教育，加强专业与企业、行业的联系，形成了企业主导型等新兴人才培养模式。

但农林高校在探索建设新农科教育的同时，也遇到了一些问题。农科专业不可避免的问题是我国农业仍处在发展阶段，离发达国家还有一定差距，农科学子的就业多需要深入到基层、田间地头，辛苦程度不言而喻，待遇也不如金融、电力等热门高薪行业。因此，要把高校农林实践教育作为一个主导教育手段，将农科与其他专业交叉融合，灵活设置专业，以市场需求、产业需求为目标，让学生在实践中感受学农的乐趣，知农爱农，同时，利用学科交叉的优势，拓宽就业途径，多渠道就业。

## 二、新农科背景下有利于学生就业

新农科建设的目标是培养农业现代化的带头人，乡村振兴的领跑人。以往，农科学子所学知识比较单一。例如，学植保的学生只知道病虫草害，对于如何施肥，如何种植栽培作物，收割后如何保存，使用何种机械收割等一窍不通。而且，许多植物的名称也知之甚少。但在外人看来，学植保的学生对于农业知识的掌握应该是全面的，这导致用人单位会对农科学子有所偏见。新农科背景下，将植保、园艺、土化、环工、农学等专业知识融合交叉，将学生跨学科、跨界培养，学生在身怀多技的情况下，不拘泥于本专业，就业会更顺畅。华南农业大学在此方面，也进行了深刻改革，努力推动学生多渠道发展，例如，许多昆虫专业的博士毕业后，进入医学院工作或深造，将在昆虫上进行的生理试验转载于与人类密切相关的细菌、害虫等，跨学科跨界发展。

此外，新农科要求服务新产业、新业态、创造新的学科和专业适应新的发展和需求。例如，无人机、智慧农业、乡村振兴等，这些新兴概念，都与农业息息相关。打破原有的传统学科，构建新的教育模式，着重培养学生的实践动手能力，促进产教融合，改变当前高校普遍存在的"重科研轻教学"现象，才能应对新农科建设的核心——培养新型人才。这也有利于学生的就业。没有哪个单位期望自己所招的员工只会纸上谈兵，尤其是以实践为主导的农业学科。近年来，广东省政府对于智慧农业、乡村振兴的发展高度重视，这些都需要依靠高等学校的农科学子去完成。因此，调整原有的人才培养方案亟待进行。例如，以仲恺农业工程学院为例，将原本第八学期的实习改到第六、七学期，而不是安排学生在第八学期努力找工作的时候去实习，让实习变为走过场。这样的话，就能真正让学生有时间进行实习实践，打造实践型人才，既符合时代发展的趋势，也能解决部分学生的就业问题。很多学生倘若在实习期间表现优异，就会被实习单位提前预订，完全不需要为工作发愁。

## 三、新农科背景下有利于学生实践能力和创新能力的提高

新农科背景下，改变传统的教学模式，打造交叉融合的学科，开设多门通识选修课，对提高学生实践动手、动脑能力、双创能力等大有帮助。新农科发展形势下，学生学习各种专业课程后，其知识面宽度和广度、对各资源要素的协同整合能力等都有所提高，这也是培养拔尖创新型人才与复合应用型人才的重要目标。学生在学习多元化知识、进行多元化试验的过程中，其对事物的联想、理解能力等，都会有所突破，动手实践能力也会有所提高。许多知名科学家往往都精通多门学科，将自己所学的本专业与其他行业结合起来，融会贯通，开拓自己的思维。例如，钱学森就是将物理与艺术结合起来的完美践行者。此外，有些学校还开设了双学位课程，对于转专业不成功、又想多学一门知识的学生来说，不失为一个良策。例如，农科学子若是辅修经济、语言类课程，对于其之后从事农资营销等行业大有益处，也有利于其创新创业能力的提升。

新农科背景下，教师教学水平、学生就业率和各方面的能力都有提高，也有利于推动高校的发展，但仍存在很多困难。以新农科建设为导向，立足服务"三农"，深化实践教学改革，打造应用型农科人才，才能推动拔尖双创型人才发展，建设高水平人才培养体系。

# 第八章 高校实践教学体系的发展

## 第一节 高校实践教学质量监控体系

### 一、新形势对实践教学质量监控的要求

实施高校教学质量监控体系是大学人才质量培养、维持社会声誉的重要保障，也是教学管理部门和教学管理者努力探求并实施执行的义务与责任。教学质量是评估教学效果的依据，教学效果又影响教学质量，保证教学质量是高校专业人才培养达标的重要保证。教学质量监控体系是按照给定的各项标准，采用某些方法手段控制和监督教学准备、教学过程和教学结果，实现教学质量的有效控制，确保人才目标能够实现。教学质量的好坏最终反馈于人才培养质量和社会用人单位评价。国务院2015年发布的《国家中长期教育改革和发展规划纲要（2010—2020年）》明确要求要强化实习基地建设，提高实践育人环节质量，发挥实习实践在提高人才培养质量、提高教学效果中的重要作用。以国家教育政策为导向，建好抓好教学质量监控，提高人才培养质量，培养学生满意、家长满意、社会满意的高素质人才，是高等教育不断发展和完善的重要命题。为贯彻落实新时代高等教育精神，有力支撑地质工程一流学科建设，需要进一步完善实践教学质量监控制度与方法，有力支撑教学效果和人才培养目标。

### 二、实践教学质量监控现存困境

安徽理工大学地质工程专业实践教学模块学分占总学分的25%，仅次于

公共基础课。实习实践教学主要由课程教学实习、认识实习、生产实习和毕业实习等几大模块支撑。其中，低年级地质认识实习和高年级填图实习是地质工程专业实践教学最重要的组成部分，时间周期长、集中参与人员多，对学生理论联系实践能力、团队合作能力和创新能力的培养极为重要，也有助于学生熟练运用所学理论知识分析解决实际地质工程问题，为以后从事专业工作或学业继续深造奠定基础。目前专业发展和社会发展对实践教学提出了新的要求，但实践教学体制机制建设、质量监控内容和标准等仍然需要进一步完善。为此，完善现有教学质量监控体系，确保教学质量监控作用的发挥，成为安徽理工大学地质工程专业保持特色、稳定可持续发展的基本保障。

## 三、实践教学质量监控体系构建策略

实践教学的质量监控与评价是整体教育教学质量监控的重要一环，其目的是优化实践教学以不断改进教学措施，进而不断提升教学质量，使教学效果达到最佳状态。加强和完善野外实习教学质量监控体系，有利于实践教学环节实施的标准化和规范化，激发教师工作内在动力，鼓舞教师潜心钻研教学，不断提升教学质量。因此，摸索与学院实际情况相符且利于执行、科学合理认可度高的实习教学质量监控举措，对保障实践教学质量、提升教学效果、确保培养人才达标具有重要意义。

### （一）加强实践教学资源投入，构建教学质量监控运行基础

对实践教学基础资源精准定位，让实习教师建立地质工程专业实习必备的知识系统，明确实践教学必需的地质教学资源、教学手段和教学方法。梳理实践基地地质资料，实习教师进行全面详细的地质考察，对地质资料进行核实和补充。增加或更改地质路线，全面观察岩石、矿物、构造、水文、地层等地质现象，思考地质规律成因等。以学院巢湖野外实习积累材料为基础，采用罗盘、GPS、便携式填图掌上机、无人机、卫星定位系统等填图工具，现场采集野外实习路线坐标、观测点位坐标、观测点图片、影像等，完善野外实践教学基本素材，建立包括野外实践内容、方法和手段、资源数据图片

与影像教学的素材资源库，进一步形成文献资料数据库、本科生野外实践论文数据库。制作包括常见地层识别和分类、动植物化石标本的采集与制作方法、野外样品采集的技术规程、岩石矿物的野外观察与研究方法、构造地质现象的描述与研究方法、常用野外研究设备的使用介绍、小专题研究步骤和论文写作等多媒体课件和实习图册等在内的资料集。通过加强野外实践教学投入，完善教学必需设施，打造现场实践教学、室内传统教学、数据资源在线学习和软件 APP 在线应用的多维度学习资源平台，形成"室内线下与仿真、室外真实场景"两个平台，为教学质量监控运行提供基础。

## （二）明确实践教学内容，构建教学质量监控运行标准

首先，对实践教学内容合理布局，通过野外地质路线踏勘、实测地质剖面、地质填图和室内报告编写与计算机成图等完善教学过程。以培养学生解决问题的方法路径和高级地质学思维为主要目的，以健全野外地质填图实习、建立扩展野外独立自主填图、独立开展地质工作与独立思考等工作为主要内容。其次，开展野外地质素描技能培训，建设不同类型地质素描点位，小组探讨联合开展，提升地质素质基本功。以计算机绘制与手绘相结合，开展基于限定时间、限定范围的野外地质技能单项和综合比赛。各带队教师应以专业方向为基础，建设包括小论文和大作业为主的教学数据库，采用双向选择为桥梁，为学生提供开展专题小论文和专题大作业的自主命题，基于有限时间、有限终点和有限目标，将专题研究与基本实习有机结合，让学生完成作业论文的分析与撰写，训练学生的独立思考与研究能力，完成地质思考与报告撰写的系统性训练。最后，明确带队教师野外现场授课的主渠道作用，将课程思政不断融入野外实践教学，开展野外师生党员与群众联合活动、临时党支部授课学习活动，必要时由支部书记、支部委员或教师党员教授党课。

在明确野外填图实践教学内容的基础上，建立实践教学质量监控标准的制定、实施、教师与学生协同反馈的协调机制。对授课教师做好质量监控宣传解读，按师生提出的建议、意见，修订并及时完善质量监控内容。同时，加强教学质量监控与实践教学准备、实践教学内容、实践教学组织、实践教

学效果和实践教学考核等方面的有效衔接，以标准为依据开展实践教学质量监控，使野外地质填图实习逐步向质量监控标准引领转变，建立按制度、按标准实施的质量监控机制。

## （三）完善质量监控评价方法，实现监控运行规范化

加大院系协同协调力度，搞好制度、党政、人员和师资衔接，破除落实评价制度的障碍，形成政策合力和工作合力，完善野外实践教学组织实施政策落实、教学质量能够有效监控的协同机制。校院从政策方针、待遇经费、资源设备等多个方面适当倾斜，科学确定野外填图实习范围、实习基地、实践路线、实习经费，使教师与学生有心理预期，做到教学信心坚定、制度执行有力。探索实行教学质量与教学工作量监控并行、教学付出与教学所得并行的实施政策。推进各项制度细节的科学化、合理化，对教师所做工作实施绩效分配，完善室内和室外集中备课环节，增强教师的主动性和积极性。鼓励教师结合自身实际拓展教学内容、改变教学方法、建立学生考核规范化标准，使教师主动遵守学校和学院规定，履行教学责任。鼓励教师打造教学进度合理、教学内容规范、教学效果优良的教学样板，及时总结经验、做法和成果，并由学院资助出版规划教材、教学辅导书、学术专著论文等。

积极派出教师参加野外教学实践研讨会，不断接受实践教学新理念。建立实践教学质量监控体系，根据专业发展、培养目标和教学大纲的要求与内涵，结合本院实践教学特点，设计若干实践教学评价指标，既要注重简明性、系统性、科学性，还要具备可操作性、可获取性和可量化性。不断改善原有教学集中考核、教学材料集中归档的管理方法，推进定量评价与定性评价相结合、过程评价与结果评价相结合、综合评价与差别评价相结合的整体评价方法。促进教学质量监控体系与方法改革，并在具体实习实践中持续应用并改进。最终摸索出既能够充分体现教师教学劳动、反馈教学质量偏差，又能提升教师业务素质、规范教学行为、提高教学质量的可执行、科学长效的综合监控与评价方式。

## （四）构建多角度质量监控内容，保障教学顺利开展

在填图野外实践教学质量监控中，要从多个维度建设服务野外填图实习教学质量的管理制度体系，如学校办学定位、专业培养目标与社会需求，培养效果与培养目标的达成，教师队伍与教学资源的保障、教师工作劲头足、学生满意度高等，为教学和管理工作提供制度保障。院系教学指导委员会、学术委员会、学院和系管理层，监督、评估教育质量监控体系的运行；其他教学管理人员、年级辅导员和实验管理人员为教育质量监控体系提供管理、服务保障。

学院、系部、教辅部门共同组建实践教学质量监控组，形成整体监控。教师教学质量监控包括教学大纲、教学内容、教学办法，同时还包括指导教师备课、教案编写、野外现场教学监控，必要时以问卷调查形式开展效果监控。学生学习质量监控包括对现场教学作业完成情况、室内笔试、独立填图情况进行监控，必要时采用答辩开展质量检查。学生专业思想监控与组织管理主要包括开展党员支部活动，讲述老一辈地质学家的优良作风与精神，以班级为单位开展活动等对学生专业思想监控。制定野外实践管理办法、野外实践教学工作规范，对学生的组织生活、集体活动等开展监控。建立实习质量监控管理委员会为实习质量管理机构，组织制定多专业联合实习的实施规范，教师野外实践教学规定、野外实习具体实施办法、教学工作量认定办法、学生野外实践纪律及管理工作规范等，为地质野外实习教学的有效运行和教学质量提供保障和政策支撑。通过全方位质量监控与质量评价，激发教师的教学主动性和积极性，提升教学效果。

## （五）改革考核方法，促进监控效果提升

革新野外填图方法提升能力，形成多种软件协调应用的数字填图，实施半定量地形、地质剖面实测自测训练，要求学生以组为单位独立完成一条地质剖面的测制工作；独立完成教师指定或自选的多条填图图线，探讨、归纳总结并形成完整报告。开展野外实习工具，如罗盘使用的现场考核；以典型地质素描为示范，学习前人地质精神，重建野外地质素描功能，并开展野外

地质素描技能大赛。改变传统考核方式，增添阶段考核、独立任务考核、自主命题小论文与研究方案设计、现场实习工具使用考核、标本矿物鉴定考核等，并划定成绩比例。设定多道可选择性综合理解分析题，培养学生地质整体思维、训练复杂问题解决路径与方法的能力。将实习日志、实习报告、实习各个阶段考核结果、实习具体表现均纳入学生最终成绩的考核，并保证归档材料齐全，促进监控效果提升和提高教学质量。

### （六）完善实践教学质量评价标准，强化信息反馈

按照客观、规范、激励和可持续性等原则，制定野外实习教学管理、实习内容、实践考核与成绩评定、指导教师守则、学生实习守则等具体规章制度与质量详细评价标准。采用系教研室与学院相结合的方法，开展两级检查督查。完善以定性考核和定量加权考核相结合的评价模式，制定实践教学质量评价表，形成实践教学质量标准评价的规范性文件。通过个别谈话、学生座谈、过程检查、问卷调查等交流形式，强化信息反馈机制，及时收集实践教学信息，并将收集到的信息及时向教学管理人员、指导教师和学生反馈，以便针对性解决问题，调整教学内容或改进教学方法。

高校实践教学专业教学质量监控是完善整体质量教学监控体系、落实教学质量和教学效果的重要保障。新形势下地质工程专业面临转型发展，质量教学监控也在持续建设与完善之中。实践教学质量监控面临的问题多且复杂，需要依据高等教育实践教学规律，分析实践教学监控各环节的内在联系，以科学性为原则不断探索、实践、修订并完善监控体系。本节以地质工程专业野外实践教学质量监控为基本点进行探讨，通过实施初步建设的实践教学监控体系，以期适应新时期对提高实践教学质量的要求，逐步实现实践教学的规范化和长效化，反哺教学内涵和教学质量不断提升。如何在新的形势下落实、有序有效地开展监控与教学等问题仍需要进一步探讨。

# 第二节 高校智慧教学实践服务体系

随着教育信息化 2.0 时代的到来，教学服务在方方面面也发生了很大改变。依托物联网、大数据、移动互联网、云计算、人工智能等信息技术，高校教学服务逐步向智慧教学服务方向发展。在传统教学服务的基础上，智慧教学服务改变了教学模式，创造了智慧教学环境及管理环境，更能满足师生的个性化需求。从教学服务的内涵来看，智慧教学服务凸显教育事业的服务性，强调以学生为中心，灵活运用教学资源重组与再造，让学生对学习内容和学习方式的选择有参与感，有效引导排斥型学生群体转变学习态度与状态，从而为地方高校解决教学方式单一、课堂互动少、课程内容滞后、信息化教学技术缺乏与教学深度融合等问题提供可行路径。

## 一、智慧教学服务内涵

从经济学的角度来说，教学服务具有商业性，它是以教师传授知识、学校提供环境来体现其使用价值的商业产品。由于商业市场具有追逐品牌性的特征，学校在市场中也要从教学方式、教学环境、教学评价、教学管理等方面着手营造良好的品牌形象。智慧教学服务是以信息技术改革教育服务，其改变传统教学方式，提供智能化的教学环境和科学全面的教学评价，提升教学管理水平，是地方高校打造品牌效应、提高竞争力的重要机遇。

同时，教学服务具有社会性。跟普通商业服务相比，教学服务不仅仅是经济学讲的提供者与消费者之间所进行的平等、互惠、等价的服务交易，也是国家为公民提供的公共服务。一个国家的教育事业不仅关乎学生个体的学习就业、身心发展及社会交际，更会从微观到宏观影响到整个国家的文化传承、政治建设、经济发展、生态变化。因此地方高校应从学生和社会需求的双重视角反思，利用信息技术改进教学服务，坚持以服务社会的取向来引领教育事业的改革与发展。

当下正是建设创新型国家，实现宏观战略跨越式发展的关键时期。新科技革命和产业变革的时代浪潮奔腾而至，社会对科学知识和卓越创新人才的渴求比以往任何时期都要迫切。地方高校应以为国家培养所需人才为第一要务，培养具有创新精神和实践能力的高素质人才正是地方高校为建设创新型国家承担的社会责任。

智慧教学服务在新兴技术的推动下，本着边实践边研究的原则，不断完善升级。丰富多元的课程资源更能满足学生的个性化学习需求，从而推动创新型人才的培养。全面科学的学习数据更有利于教育者用发展性视角，凝聚学理思考，深度聚焦学习能力的培养。充分发挥智慧教学服务体系的作用，有助于高校加快推进课堂教学改革，促进本科教育内涵式发展，为社会培养大批创新型人才。

## 二、互联网时代地方高校学生学习特征

构建智慧教学服务体系既是地方高校建设一流本科教育的创新点，也是全面提高人才培养能力的关键点，更是改变互联网冲击下地方高校课堂教学困境的着力点。

"90后""00后"学生可谓是"网络原住民"，他们思维活跃，想法跳脱，渴望自由，具有强烈的自我意识，更愿意主动选择信息来源，更适应于碎片化的获取信息的模式。他们在学习和生活中既擅长也依赖网络工具的使用。然而有研究指出，部分学生由于学习基础不扎实、个体内在约束力较弱、不善于行动等问题，在网络世界海量信息的冲击下反而会造成焦虑无序、兴趣淡漠、缺乏动力的学习状态。相对"985工程"和"211工程"院校，地方高校学生中像这样不满意并游离于课堂教学的排斥型学生群体比例相对较高。

碎片化的阅读习惯可能造成学生无法长时间集中注意力，导致课堂教学的不稳定。强烈的自我意识及对网络的熟悉，使得学生可以利用网络搜索快速便捷获取信息，长此以往会造成学生在学习中产生惰性，欠缺主动思考，甚至轻视教师课堂讲授的过程。要解决这种教与学之间的对立抵触，首先要清楚并尊重地方高校学生在互联网时代下的学习特征，在此基础上建立更科

学适宜的智慧教学服务体系，帮助教师改变传统教学方式，为学生提供有效的学习手段。

## 三、构建智慧教学服务体系

智慧教学服务体系的构成要素包括教学环境、课程资源、教学模式、评价方式及教学管理，各要素之间相辅相成，影响着智慧教学服务的整体效果。结合学校发展规划和人才培养目标，地方高校可从"建、用、学、评、管"着手，针对各要素的发展打一套组合拳，配合智慧教学环境、智慧教学模式、智慧教学评价、智慧教学管理四个维度的运用，形成资源建设、资源重构、教学改革、评价反馈、改进提质的闭环。

### （一）建：着力建设智慧教学环境

智慧教学环境指能优化教学内容呈现，便于学习资源获取，促进课堂开展互动式学习，具有情景感知和环境管理功能的教学环境。智慧教学环境最常见的物化形式就是智慧教室，但其所包含的内容远不止如此。

智慧教室是智慧教学环境建设硬件部分的体现形式，具体包括教室基础设施、教学基础设施、环境管理设施、教学辅助设施。其中教室基础设施及教学基础设施可在传统多媒体教室的基础上进行改造升级。例如，将黑板更换成交互式电子白板，将桌椅更换为可移动组合的桌椅。增加可接入智慧教学平台的中控系统、录播系统、监控系统、物联网感知系统等，便于多维学习数据的采集。考虑到智慧教室数量的增加及下一步的发展需求，学校应建设配套的总控室，对智慧教室实施远程管理。

智慧教学环境软件部分的建设主要是基于基础层设施，构建功能完善、资源和数据互通的智慧教学服务平台。教育部2018年发布的《教育信息化2.0行动计划》提出构建一体化平台，引入"平台＋教育"服务模式，整合各级各类平台和系统，逐步实现各种平台的互通、衔接与开放。因此，智慧教学服务平台建设时应重点考虑与各应用系统的贯通与集成，例如，监控系统中的考勤数据自动更新到课程中心的教学管理平台；教学管理平台中的学生成绩可一键导入教务系统；在教务系统选课成功后，学生直接在课程中心进入相应班级。做好顶层设计，结合智慧教学环境的设施，智慧教学服务平台可让教师、学生、管理者通过统一认证账号，利用电脑、手机等设备，分角色接入各系统，随时随地交互访问，为实现"教—学—管"的深度融合和相互促进提供系统支持。

### （二）用：灵活运用智慧课程资源

教育部2015年印发的《关于加强高等学校在线开放课程建设应用与管理的意见》提出建设一批以大规模在线开放课程为代表、课程应用与教学服务相融通的优质在线开放课程。大规模建课以后，只有真正"建以致用"，创新慕课应用模式，用慕课改造教学，才能提高课堂教学的吸引力和教学效果，解决互联网时代课堂教学的困境。

在传统课堂教学中，知识以直线教学的方式传递给学生，让其一味地接受知识，缺少必要的讨论、互动及反思，不利于培养学生的独立思考能力和创新意识。要实现教学目标由知识传授转向能力培养，教师要尝试灵活使用课程资源，将单一型教学模式转化为混合式教学模式。在智慧教学平台中，课程资源往往可以细化成一个个的知识点，并且对应不同的表现形式，如文字、图片、音频、视频等，这样知识碎片适合学生在课前独立进行碎片化的学习，充分调动其主动性和创造性。在课堂教学中，教师可以利用思维导图、知识地图等工具揭示知识点之间的内部逻辑，重构个性化的知识体系，进一步培养学生的高阶思维能力。课后基于测试结果和学生反馈，教师可以进一步更新、完善、增值课程资源，更好地为下一轮的混合式教学服务。

### （三）学：培养学生自主学习能力

伴随信息技术发展而成长起来的学生，敢于质疑权威，表达个人思维，反感灌输式说教，因此在教学过程中，教师应当转变角色，重视学生在课堂上的主体地位。在智慧教学课堂中，学生是课堂活动的主体，而教师则是课堂活动的引导者。通过组织互动式教学，强化师生、生生之间立体、高效、持续的沟通交流，让课堂真正地活起来。

智慧教学环境和智慧教学资源的建设为教学服务提供支持，注重技术变革的同时，不能忽略了教学理念创新与教学模式改革，这也正是智慧教育服务产生的重要因素。基于适宜开展交互教学的智慧教学环境和便于灵活重构的智慧教学资源，智慧教学课堂中，不应局限于学生对知识的学习，更应关注学生自主学习能力的培养。智慧教学服务为学生创造了随时随地学习的条件，地方高校应充分利用这个优势，培养学生的泛在学习能力，助力学习强国。泛在学习的核心是保持学习的主动性和自觉性。教师通过在课堂上引导学生，强化学生在学习中的主体地位，有利于培养学生学习的主动性，让其养成在课外利用碎片化的时间进行泛在学习的习惯。让学生成为学习的主人，也有利于打破地方高校大学生学习状态被动、缺乏学习动力的困境。学生在参与选择自己学习内容和方式的过程中，也在尝试对个人的成长和发展负责，通过加深学习对自身发展重要性的认识，学生会逐渐消除得过且过的消极心态。

### （四）评：构建智慧教学评价体系

相对于知识的获取，智慧教学模式所倡导的学习目标更强调学生能力的提升，智慧教学评价的目的也是为了实现教学和学习的持续改进，而不是简单地将评价指标与考试结果挂钩。智慧教学评价体系是基于多维学习数据采集分析的教学质量评价体系，包括预测性评价、过程性评价、结果性评价。数据在智慧教学评价体系中就是信息的载体，学生观看视频的时段、次数以及课前学习在某一个知识点停留的时间，都体现一定的学习行为。在智慧教学服务体系中，各个平台能为我们多源化、多维度、多层次地收集与学习行为相关的历史数据，如何在海量复杂的数据中，挖掘学习评价和反馈的信息，首先要厘清预测性评价、过程性评价、结果性评价三者间的价值逻辑。

结合智慧教学模式中课前学习环节的数据进行分析得到的结果就是预测性评价，通过此评价结果教师可了解学生前序知识掌握的情况以及下一章节的学习状态。在传统课堂教学中通过课堂提问进行的学情分析，具有模糊性和延时性的缺点，而智慧评价系统中基于大数据的学情分析既提高了精准度，又为教师提供及时调整教学设计的机会，预测性评价对学生来说也是一种学习起点的评价，能帮助学生客观了解自己的学习状态，提前意识到知识掌握的薄弱环节，进而在课堂中主动寻求帮助解决问题。智慧教学中数据最丰富、最核心的评价方式是过程性评价，在智慧教学服务支持下，每一位学习者线上及线下的学习行为特征数据都能最大限度地被精细化记录和采集。利用大数据、云计算技术，智慧教学评价系统将包括学习进度、学习时间、学习频率、学习轨迹、情感表现、任务用时在内的碎片化学习数据进行分析归纳，形成"学生画像"。在"学生画像"的指导下，教师可进一步将教学策略转向基于学生学习特征的个性化教学，增强学习和教学效能。结果性评价作为智慧教学评价的最后环节，除了以教学目标达成度为评价标准外，还应关注学生能力的相对发展，做到以学生为中心评估教学效果。以标准化考试的结果赋予学生等级可检视教学目标的达成度，智慧教学平台存储大量超时空的纵向学习数据，还能帮助教师对比学习者的"学习产出"与"学习增值"以及"现有表现"与"原有表现"。总体来说，基于大数据的智慧教学评价体系，更能真实客观反映学生学习能力及教师教学质量，促进师生对教与学的改进，实现"教学评"一体化。

### （五）管：规范智慧教学服务全过程管理

到目前为止，智慧教学服务体系的建设既没有固定发展模式，也没有统一标准规范可遵循，而利用智慧教学服务体系助推教学改革是一项复杂的系统工程，如果高校不加强对智慧教学服务的规范管理，会大大增加这项系统工程进行下去的难度和风险。智慧教学服务体系在规划建设时，应以需求为导向，充分结合学校的办学特色和人才培养目标，按照统筹规划、逐步推进的原则有计划地开展。在课程资源的建设方面，可转化一批精品资源共享课，建设一批有区域特色、学科优势的优质课程，引进一批国家级精品在线开放课程。在有一定数量的优质智慧课程资源的基础上，高校应发挥主导、引领作用，在课程改革和课程质量上抓落实。学校可制定相关文件政策，将建设使用智慧课程资源、探索实践智慧教学模式与教师的事业发展、绩效奖励建立相关联系，动员支持教师利用智慧教学服务改造课堂教学。

随着智慧教学的广泛应用，学校要进一步强化自我管理机制，保障智慧教学质量和平台运行稳定。学校要坚持依法、依规管理智慧教学服务体系，按照法律要求，及时将平台在工信部、公安部等有关部门备案审查。规范智慧教学资源建设、应用、引进和对外推广的工作程序，研究制定符合本校情况的审查管理制度，推动智慧教学服务体系的可持续发展。

## 四、智慧教学服务体系发展建议

对比国内外智慧教学体系建设的典型案例，地方高校在智慧教学服务体系的建设中还存在管理职能不够健全、智慧化环境覆盖率低、前沿技术设施相对落后（如 VR、AI、物联网）、智慧教学资源应用水平有限等问题。结合未来信息化教育发展的趋势，针对地方高校智慧教学服务体系的建设与管理提出以下建议。

### （一）智慧管理向智慧治理转化

智慧教学服务体系从顶层设计到使用运行，会持续伴随技术和产品的迭代升级，在这样的情况下，智慧教学服务体系的设计者、管理者要具有一定的前瞻性，综合考虑高等教育未来发展需求、本校实际需求和发展愿景以及产品升级后平台的扩充性、灵活性。因此高校信息化管理部门在做好政策制定、审查监督的工作以外，应进一步强化制定发展战略、评估建设效果以及提供学校发展建议的职能，重视智慧教学服务体系的发展与学校整体发展规划的联系与互促，形成集决策、管理、服务于一体的智慧治理。

### （二）智慧教室向智慧校园拓展

结合架构先进、扩充灵活、安全稳定的智慧教学服务平台，地方高校可运用物联网技术，按梯次分批改造教学楼、图书馆、实验室等学习场所，逐步建成"基础物联、虚实结合、智能管控"的智慧校园，提高智慧教学环境的覆盖率。同时,结合二级学院的教学需求,细化智慧教室的功能,形成由远程直播教室、交互研讨教室、虚拟实验室等构成的智慧教室组群,支持教师开展混合式教学、互动式教学、沉浸式教学等新型教学模式。

### (三)开放共享资源向个性化资源生成

教育部对国家精品在线开放课程必须开放共享的要求,让地方高校获取了高质量的线上教学资源,满足了地方高校学生对名校名师教育资源的期盼。为避免国家精品在线开放课程在地方高校"水土不服",实现优质教学资源共建共享,课程资源应由知识型向智慧型转化。基于"教学评"一体化模式,师生在教育教学过程中生成的数据都是对课程资源进行个性化改造的依据。

开放共享的课程资源向个性化课程资源生成的过程,对教师的信息化素养提出了更高的要求,在获取、检索信息内容的基础上,还需加强使用、创造、分享信息内容的能力,以学生每个阶段的评价结果为基础,制订迭代式、趋向动态的个性化课程方案。地方高校可以教研室、教学团队为单位,集群策之力,重点建设内容更丰富、教学目标更明确、教学活动更多样化的小型私有化在线课程(SPOC),实现对优质开放共享资源的吸收、完善和增值。

## 第三节 高校理论和实践教学生态体系

地震勘探方法在当代油气以及其他资源勘探方面发挥着重要作用。"地震资料数字处理方法"课程对地震资料数字处理方法进行详尽的讲解,是勘查技术与工程专业的必修专业课程,课程对数字信号处理方法、地震勘探原理、计算机技术等均有一定的要求,是一门综合性较强的专业课程。该课程的教学为本专业的毕业生能够进行实际地震资料处理工作提供了帮助。但是长期以来,各高校对该课程的教学基本局限在理论授课阶段,学生无法有效消化吸收教师课堂教学成果。通常在专业课设置的时候，会安排相关的实践课程作为理论课的有益补充，来提高课程的授课效果。但是理论和实践课在内容和时间上往往是脱节的，学生在学习的过程中往往难以理论结合实践，造成理论和实践课成为两门独立的课程，未起到课程设置的目的。为了提高"地震资料数字处理方法"的教学效果，必须构建理论课程和实践课程相结合，理论与实践课程相互促进的教学生态体系。

## 一、理论教学的改进方案

"地震资料数字处理方法"课程是一门理论与实际结合很紧密的课程，但是考虑到学时安排等原因，在实际教学过程中难以直接将课程切分为理论和实践环节，这就要求在理论教学过程中进行教学方法改善，提高进一步进行实践教学的效果。具体在实施过程中，可采用以下的教学改进方案。

### （一）理论教学中设置技术调研环节

常规的全班教学是最有效且常用的教学方式，可以让授课教师控制授课进程，能够根据知识点的重要与难易程度进行授课时间与资源的分配，进而引导学生合理地分配学习精力并根据知识点进行自主学习，但全班教学的方式对优等生则略显不足，不利于提高学生知识范围，不利于培养精英。在这种情况下，个人自学或小组研讨等方式必须作为必要的补充。通过鼓励学生对课堂知识自行拓展，有利于培养学生的创新性和探索精神，特别是对优等生的学习而言具有极大的促进作用。具体在课程改革中增加了课内新技术调研交流，教师点评环节。为了补充课堂教学对新技术新方法讲解的限制，本课程设置了3个学时的读书汇报交流时间，使学生在学习最基本的方法原理的同时，能够掌握到专业技术的最新进展。在完成了去噪、反褶积方法的讲解后，会布置作业让学生进行自主学习，通过图书馆、网络等资源了解地震资料数字处理中涉及的新方法、新思想，并通过文字报告和PPT汇报的形式和老师及同学共同分享。报告环节的采用，不仅提高了对本课程知识的理解，还有效提高了同学们进行汇报交流的临场能力。很多同学第一次公开做报告就是本课程的文献调研环节。通过同学们的相互学习和老师的点评，可以有效提高学生的交流技巧和临场经验。

（二）探索式教学融入课堂

为了提高"地震资料数字处理方法"课程的教学质量，对课程内容与资源进行了建设。通过"地震资料数字处理方法"特色教材的建设，在新的教材中增加了目前新技术的进展，主要增加的内容有反褶积新方法、静校正新方法等。通过新内容的加入，缩小了课程教学内容与实际生产的差距。为了让学生可以随时随地进行课程的自主参与和学习，在慕课平台和学习通平台开通了课程网站，并对网站进行了内容建设。值得一提的是，在新冠肺炎疫情影响下，这些网站平台发挥了重要作用，为学生学习、老师指导及批改作业等提供了很大的方便。初步建成了可供学生访问学习的课程网络，教学大纲、授课幻灯片、参考资料、参考论文、实验数据、处理软件及代码等资源，都可以在网站方便地进行下载。为了方便学生和老师的交流，每个章节都设置了讨论及测试环节。课程教学内容紧跟处理技术的发展，以自编教材为主，部分新技术新方法为辅，穿插讲解处理核心算法的编程实现思想。通过引导学生自主进行网站知识和相关专业知识的学习，提高学生对课堂理论知识的理解能力，提高探索式学习内容在课堂教学中所占的比例。

## 二、理论和实践相结合的课程生态系统构建

"地震资料数字处理方法"这门课程理论性强，对实践能力要求较高。理论课堂的教学通过改进探索式教学和增加文献调研内容提高了课程的教学效果，并融入了部分实践操作教学的授课内容。但是当前对高校毕业生工程实践能力要求较高，只有通过一定的实践教学才能够达到学校对专业工程认证的要求。为此，需要进一步加强本课程理论教学和相关实践课程的融合，提高课堂教学与技术实践环节的结合度。作为一门理论性很强的课程，课堂知识的实践应用可以大大提高学生对课程理论学习的消化理解。为了实现该门课程内容真正的理论和实践结合，将"地震资料数字处理方法课程设计"

和"第二课堂：物探专业软件应用"与"地震资料数字处理方法"授课内容及授课时间进行统一的设置，力求做到理论授课能够及时进行实践学习的加强。

## （一）第二课堂实践内容的构建

选修了"地震资料数字处理方法"的同学必选"物探专用软件应用课程"。为了达到二课与理论学习课程的有机结合，配合"地震资料数字处理方法"课程内容编写了第二课堂的教学大纲，选择国内首款地震处理解释一体化软件系统 GeoEast 作为学生实践的软件载体。通过积极寻求国家资金支持，购置了 120 节点的大型工作站集群，并购买了 200 台工作站终端，初步建立起了开展二课教学的硬件基础。通过联系中石油东方地球物理公司，和学校签订软件捐赠协议，实现了 GeoEast 正版软件的安装及培训，解决了二课开展的软件基础。目前本专业的年轻教师均可以熟练操作该处理软件，为后期二课的开展建立了良好的基础条件。

数字处理的目的是为解释人员提供高质量的地震剖面、有关岩性信息的地震参数和岩石物性参数。要求学生通过学习，掌握常规数字处理主要方法的基本概念和基本理论，了解参数选择原则及其作用，掌握地震资料数字处理的基本流程以及各种基本处理方法的使用原则，了解各种方法的适用范围、存在问题及解决问题的途径，为其将来从事处理解释工作打下基础。通过课程协调，使"地震资料数字处理方法"和"物探专业软件应用"课程基本实现了教学内容一一对应，一节理论课一节实践课的教学目标。并且在理论和实践课程结束后，要求所有学生参加"东方杯"地球物理大赛（地震资料数字处理的全国性比赛），保证了课堂教学后能够及时进行实际数据处理操作，加深了对课堂知识的理解。通过实际动手操作，反过来理解课堂知识。通过这种模式的构建，有效培养学生进行实际操作、了解学科前沿的能力，使学生基本做到离开学校就可以直接走向生产实践，进行实际地震资料的处理工作。

## （二）课程设计实践内容的构建

"地震资料数字处理方法"这门课程涉及大量的核心处理算法，采用课堂理论讲解加二课实践的方式，确实有效增强了学生对专业知识的理解和专业软件的应用能力，但是要想深入掌握核心算法，除了动手编程实现以外，没有其他途径。如果能够对算法进行编程实现，则可以大幅提高课堂教学效果，有效提高学生对专业知识的理解能力，对学生今后就业或者进一步求学都有很大的帮助。但是课堂教学时间紧张，无法单独安排编程时间。"地震资料数字处理课程设计"最初的目标是让学生熟悉专业软件，更好地掌握课堂理论知识。但是随着第二课堂的开展，这一目标已经显得不那么重要，经过对专业课程的调整，与其他专业课老师进行协调，将原"地震资料数字处理课程设计"课程内容从软件操作改变为编程实践。

课程设计要求利用计算机程序语言（具体语言不做限定）对一定的算法进行编程、上机调试，最后输出结果记录。通过对课程关键知识点进行讲解，设立了多个编程题目，囊括了整个地震资料数字处理的过程，也可以实现自选方法的编程。为了保证课程设计效果，安排学生进行分组，保证每组（2~4名学生）均有一个独立题目。课程设计一般安排两周时间，第一周进行基本软件编程及各个算法理论及计算机实现的讲解，并在教师指导下初步搭建所选方法的框架。第二周则进行自由编程，在教师辅导下逐步实现及完善一个处理模块的编程模拟。在两周课程设计结束后，需要提交编制的程序模块、课程设计报告，并提交包含算法原理及编程实现效果和分析的PPT。在每个小组提交课程设计成果的同时，需要小组派代表对程序及PPT进行汇报讲解，并回答老师提出的问题。

通过课程设计编程训练，可以大幅度提高学生对理论课知识点的理解，并且为进一步的学习及工作创建扎实的基础。

## （三）综合课程评价体系的建立

虽然通过综合构建理论和实践体系，可以使课程的实际教学效果得到很好的改善，但是，在高校教学体系下，理论课程、课程设计和第二课堂是三门独立考核的课程，在实际教学过程中每一门课都需要有独立的分数。这造成了虽然理论和实践结合的课程体系得以建立，但是课程考核体系仍然是孤立的，显然这对于进一步提高学生的学习积极性，综合进行理论课程和实践课程教学效果的考核是不利的。在综合课程生态网络建立的过程中，必须同时考虑多门课程评价体系的建立。三门不同的课程，总体目标一致，但是每门课具体考核内容有所差异，以培养学生的自主学习和终身学习能力为目标，建立各个学习环节的科学评价体系，实现课程由"单一评价方式"向"多元评价方式"转变，通过对综合性全程式考评机制改革的探索，从根本上改变过去"一考定成败"的学习评价模式，保证客观公正地评价学生的学习效果，激发学生学习的参与度与积极性，形成教、学、研为一体的全新教学改革模式。

理论课程将文献调研汇报作为一项重要的考核内容，在总成绩中占20%的分值。结业考试试卷出题范围以理论课参考教材为主，结合第二课堂专业软件操作的流程、参数设置、结果分析等，对学生进行考核。使理论考试过程中同时考核了第二课堂专业软件操作能力，促使学生对两门课程进行综合学习，做到实践结合理论的主动学习。同时，在第二课堂结业考核中，将考核分为两部分进行。第一部分是软件操作，使用实际地震数据对学生进行实训后，要求学生提交处理成果，并撰写处理报告。第二部分是理论方法的考核，对理论课程中的知识点、软件操作中的核心算法进行理论考试。最终，第二课堂的结业成绩由理论成绩和实践成绩共同组成，其中理论成绩占比30%，实践成绩占比70%。课程设计是在理论课程和第二课堂结束后开展的一门课程，是通过编程实践检验对理论方法和软件操作的熟练程度，并且在编程实践中主动进行查漏补缺，完善之前课程中的薄弱环节。课程设计考核以编程思路、编程效果、方法原理汇报进行综合评定，结合最终的课程设计报告，完成最终考核。

三门独立的课程，在考核过程中相互检查，做到了互相促进、综合考核的目的。课程的考核一方面检查了当前课程的学习情况，另一方面也对三门课程整体学习情况有所检查。通过这种互相补充、综合考核的做法，进一步完善了课程生态体系。

随着高校各专业按照教育部本科人才培养总体设计，积极参与到专业工程认证工作中来，以往以课堂理论教学为主的单一教学方式无法满足要求逐步提高的工程实践能力需求。在培养计划总学时内重新设定配套的实践课程是不现实的，在这种情况下对已有课程进行理论和实践的整体规划，将多门课程进行统一建设，构建出理论和实践相结合的课程生态体系是一个较好的解决方案。在"地震资料数字处理方法"课程的建设中，取得了一些有效的应用方案，这些方案同样适用于高校其他理论课的教学。

## 第四节 高校教学管理体系的创新与实践

高校的教学管理是对高校中的老师、学生以及其他人员的教学过程进行管理，是对教学方法、教学资源以及教学模式等进行合理的、科学的、有计划的、有组织的管理，以实现提升高校的教学质量和教学水平的目的。一个学校的教学管理体系是否健全、合理，教学管理工作是否到位、科学，对整个学校的稳定运行和未来发展有着直接的影响。因此，当前高校的教学管理体系进行创新和实践对提高学校管理水平、提升学校教学质量、提高学生综合素质至关重要。

### 一、高校教学管理体系进行创新与实践的必要性

随着我国社会、经济的发展，我国的高校数量不断增加，高等教育已经由原来的精英化教育逐渐转变为大众化教育。因此，对当前高校的教学管理体系进行改革和创新是非常必要的。

#### （一）是我国教育深化改革的要求

随着我国经济的快速发展，我国社会的各个层面逐渐向着现代化靠近，截至当前，我国的社会已经发生翻天覆地的变化。社会的快速发展和进步使

以前极度匮乏的高等教育资源逐渐增多，使更多的人可以接受高等教育。因此，我国在近些年对高等院校的招生政策予以放宽，降低了高校招生的门槛，各大高校的招生规模不断扩大，招收的学生数量逐年上涨，由原来的精英化教育转变为大众化教育。大众化教育带来了学生基数的上涨，导致高校学生的整体素质相较于以前学校的学生整体素质下降明显，并且学生的素质良莠不齐，素质高低分界十分明显。在这样的情况下，高校必须对原有的教学管理体系进行改革以适应当前的教育形势。

### （二）是我国社会迅速发展背景下的必然趋势

我国社会、经济在近些年来发展迅猛，社会的各行各业对人才的需求量逐年增加，尤其是对应用型人才的需求量大幅上涨，并且对人才本身的要求也越来越严格，需要人才掌握更多的知识和技能。这就要求高校必须对自身内部进行改进和转变，尤其是对自身的教学管理体系进行改进，以适应社会发展对高校教育的新要求。另外，由于我国近些年在国际上的地位上涨，达到了一个新的高度，我国对于人才培养越来越重视，对整个教育行业的改革力度不断加大，这对高校的教学管理体系来说是一个巨大的挑战，督促着高校的教学管理体系必须进行创新和实践。

### （三）一些高校在教育行业中处于不利地位

在我国的教育行业中，高等教育下的高校类型包括普通高等院校、高职院校、成人高等院校等不同种类的院校。但是由于我国的特殊历史原因导致在大多数人看来普通高等院校是我国正规的高等院校，而高职院校、成人高等教育院校都属于旁门左道。长期以来的偏见导致这些院校在我国的教育行业中处于不利的地位，发展受到限制。在这样的情况下，这些院校就必须进行改革，创新教学管理体系，建立完善的教学工作机制，提升自己的教学水平和教学质量，以此来打破当前的局面，使自己得到更好的发展。

## 二、我国高校教学管理现状分析

高校作为为社会提供人才的场所，必须具备较高的教学水平才能为社会输出更多的人才，因此，高校的教学管理必须科学、合理，必须有健全的教学管理体系才能保证学校的教学水平。

### （一）教学管理的心脏——教学管理观念落后

一个学校的教学管理观念是教学管理的心脏，是教学管理的原动力，是基础。就目前来说，我国高校在教学管理的观念上还比较落后，大部分高校的教学管理观念没有及时更新，还依然沿用着以前的教学管理观念。比较突出的表现：一是当前我国大多数的高校注重强调集体精神的重要性，忽视了学生的独立性和个性化发展。二是当前大多数高校的教学管理重度依赖以前的教学管理经验，运用以前的教学管理经验来管理学生，只知道学生要服从学校的安排，限制了学生自主发展的潜力。三是当前的高校教学管理在遇到问题时，只重视对问题的事后处理，将学生作为发生问题的根源，而对问题发生的真正原因没有充分调查，并且没有做出相应的预防。

### （二）教学管理的血液——教学管理方式陈旧

在人体中，血液承担着将营养物质输送到人体各部分的任务，是人体重要的组成部分。在高校的教学管理中，教学管理方式无疑就相当于人体中的血液，是高校教育学生、培养学生的重要手段。就目前来看，我国的大部分高校的教学管理方法还是以行政化管理方式为主。虽然行政化管理比较好管理学生，并且由于长时间的应用，这种教学管理方式相对稳定和成熟，但是随着时代的发展，这种方式的缺陷越来越凸显：一是行政化管理方式是一种命令式的管理手段，学校以这种方式将学校的各种规定和规则强制加到学生身上，限制了学生的思想和行为。二是这种管理方式过于注重结果，不会考虑出现这种结果的过程和成因，这让教育失去了本来的意义。

### (三)教学管理的骨架——教学管理人员素质较低

骨架是承载所有人体器官的基础,没有骨架的支撑,人体的运行将无从谈起。在高校的教学管理中,不管是教学管理观念还是实施教学管理方法,都需要教学管理人员来实行,他们是支撑整个教学管理运行的骨架。但是由于当前高校在我国的高等教育改革后,学生的数量急速上涨,学校管理人员的问题逐渐凸显。一方面学生数量的增加使得管理学生的人员数量严重不足,大多数的学生管理者要面对大量的学生,尤其是在学生遇到生活当中的问题时,数量不足的管理人员无法做到对每一个学生进行辅导,帮助其解决问题。另一方面是师资队伍出现问题。大多数的老师认为自身的教学能力、学术能力很重要,忽视了自身对学生的管理能力,导致当前大多数老师的学生管理能力不足,不能胜任当前的教学管理工作。

## 三、高校教学管理体系创新与实践的有效路径

高校的教学管理体系进行创新与实践是当前高校进行改革的必经之路,是提高自身教学质量、教学水平的重要手段,是适应社会发展的必然发展趋势。

### (一)创新教学管理思想,更新教学管理观念

高校教学管理体系的创新与实践首先需要解决的就是从教学管理思想、观念开始,从根源上对高校教学管理体系进行创新实践。首先需要树立以人为本的教学管理思想观念,将学生作为整个教学管理中的主体,以学生的根本利益为基础来激发学生的创造性、积极性以及独立性。其次需要树立全方位服务思想观念。由于当前的教学管理是多种要素的结合,不单单是教育单方面的管理,因此,高校的教学管理体系需要树立全方位服务的思想观念,对学生的生活、学习、就业以及工作等进行服务。比如,学校可以通过举办各种关于学习的经验交流会,提供各种娱乐、休闲、运动的场所,建立学生未来就业信息共享平台等方式来分别服务于学生的学习、生活以及未来就业。最后需要树立民主管理的教学管理思想,实行学生自主管理,保障学生的各种教育权利。

## （二）创新教学管理模式，使教学管理方式多元化

在当今，我国社会经济逐渐全球化和多元化，学生思想也在这样的形势影响下发生了很大改变，因此，高校的教学管理体系也必须适应学生的变化，创新自身的教学管理模式，使教学管理方式呈多元化发展。就目前情况来说，互联网是当今我国社会发展最快的领域，因此，需要建立和完善以互联网为基础的教学管理方式：高校在教学管理体系上要充分利用互联网的优势，可以将一些老师的教学视频放在学校建立的网络平台上，或者通过在学校建立的网络平台上开放学生交流专区等方法来进行网络教学管理，形成网络教学管理方式。在一些已经应用了互联网的高校，应该完善现在已经有的网络教学管理方式，在一些还没有应用网络教学管理方式的高校，应该加快建设进程。另外，在应用网络教学管理方式以外，学校还可以应用一些像情感教学管理方式、激励教学管理方式等来从学生角度关心和尊重他们，对学生的好想法给予激励和支持。这样的教学管理方式不仅利于学校管理，还可以提升学生的综合素质。

## （三）改善师资队伍建设，提升教学管理人员素质

由上述内容我们可以看出，一个学校的教学管理体系的建立和实施都是由学校的教学管理人员来进行的，因此，针对当前有些学校的教学管理人员素质普遍较低的问题，可以通过改善学校的师资队伍建设来提升管理人员的综合素质。首先，学校可以通过引进、借调、招聘等方式来从外部补充素质较高的教学管理人员，这样不仅可以解决人手不足的问题，还可以提升管理人员的整体素质水平。其次，学校可以通过继续教育、校内培训、校外培训等方式来从学校内部提高学校管理人员的综合素质。最后，学校应该在师资队伍建设时，将师资队伍中成员年龄比例进行合理安排，既要保持队伍中有经验丰富的老人来稳定队伍，也要有年富力强的年轻人来增加队伍的创新和活力，进而提高队伍的整体素质。

总之，高校作为为我国社会输出高端人才的场所，随着社会的变化必须

做出相应的改变。就目前我国的高校来说,除了上述内容描述的问题以外,还有其他问题存在,比如,教材深度、广度不足,教学资源不足等。因此,对高校的教学管理体系进行创新和实践,可以提升高校的教学水平,使高校能够为社会提供更多、更好的人才,进而推动我国教育、社会、经济的发展和进步。

# 参考文献

[1] 刘宇, 虞鑫, 许弘智, 等."双创"背景下创新教育的实践、效果与机制研究[J].现代教育技术, 2015, 25（11）: 106-112.

[2] 陈从军, 姚健.双创背景下高校辅导员工作的思考与探索[J].科技创业月刊, 2016, 29（13）: 64-65.

[3] 刘国余.会计双语课程柔性教学模式探析[J].商业会计, 2016(24): 119-121.

[4] 杨思林, 王大伟, 唐丽琼, 等."双创"背景下高校课程考试改革的思考[J].教育教学论坛, 2016（46）: 77-78.

[5] 许彩霞.创新创业背景下应用型高校人力资源管理专业实践教学体系改革研究[J].鸡西大学学报, 2016, 16（4）: 23-26.

[6] 马一铭.大学生自主创业的困境与对策分析[D].西安: 西安理工大学, 2015.

[7] 黄杰."许昌模式"背景下大学生创新创业教育模式探索[J].决策探索, 2016（18）: 38-39.

[8] 孙海英."双创"背景下文科大学生创业现状、机遇及对策分析[J].成都航空职业技术学院学报, 2016, 32（4）: 15-18, 22.

[9] 张格, 高尚荣.以高职生学习动力机制为导向的高职教育教学改革[J].江苏科技信息, 2016（34）: 37-39.

[10] 吴颖珊.高校教育教学改革的动力机制探讨[J].重庆科技学院学报（社会科学版）, 2012（1）: 165-167.

[11] 曹月盈.高校计算机基础教育创新教学模式探究——评《高校计

算机教育教学创新研究》[J].教育评论,2017(5):166.

[12]荆媛,唐文鹏.新时代下高校思想政治教育教学方法创新研究——以主旋律歌曲为视角[J].中北大学学报(社会科学版),2017,33(1):65-68.

[13]周湘林.以学生学习为核心的高校教师教学评价方法创新研究[J].现代大学教育,2017(1):93-97.

[14]华宝元.教育管理学四大范畴视角下高校体育教学管理创新研究[J].广州体育学院学报,2017,37(1):107-109.

[15]王廷璇.浅析高校教学管理现状及改革对策[J].新西部旬刊,2011(5):146,172.

[16]吴小川.高校音乐教育教学模式的创新研究[J].魅力中国,2017(1):177.

[17]王天恒.从毕业生质量追踪探究高等学校本科教学改革[D].成都:西南交通大学,2007.

[18]王淼.我国高校教育改革模式研究[J].教育现代化,2016,3(27):284-285,288.